U0062270

| 论 衡 |

近代中国断章

〔日〕原岛春雄 著

〔日〕印藤和宽 〔日〕桥本恭子 编

谢跃 译 张宪生 审校

上海人民出版社

左起後排：　　　吴子健　龍遠奇　譚巨龍　羅斌　梁志剛　楊正　徐明　熊勇　葛郁哲　王冠力　黄禧　陳偉明
　　　　　顏躍良　張憲生　鄭安奇　葉雪三　李東杰　黄一軍　陳偉民　楊惠民　方曉明　黄旭　謝躍　沈雁　李明　張偉雄　柴乾生
　　　　　閆群　劉洪浪　陳華炎　葉維銘　森山真樹子　原島優子　原島春雄　大里浩秋　大里亞矢　梁小玲　謝聯發　韓静宇　左冰
　　　　　區建英　李霞　廖瑞瑩　王箐　陸茂思　葉愛華　林小玫　朱静　林伊玲　羅麗萍　李景芳　劉麗　袁麗鳳　張敏君　張若竹

摄于 1981 年。广外日语 77 级学生与教师的合影

后排左起：李东杰、刘洪浪、原岛春雄（广外外教）、长谷部淳（广外外教）、魏育邻
前排左起：桂诗春院长的朋友、桂诗春（广外院长）、松本政彦（神户女学院大学事务长）
其他三位为当时在日本的广外教师

目　录

第三部

中文版序

在原岛春雄先生逝世 25 周年之际，喜闻在中国拥有众多学生和友人的原岛先生所著的《近代中国断章》中文版将由上海人民出版社出版。对此，我表示由衷的祝贺，并向为本书的出版付出努力的诸位表达诚挚的敬意。

三年前，原岛兄（请允许我用这一带有亲密感的称呼）京都大学时代的好友印藤和宽和桥本恭子二位在日本编辑出版了《近代中国断章》，这于我是个巨大喜讯。然而，原岛兄早在病重住院期间便已构思好本书的框架，并把此事托付给夫人优子女士，得知此内情的我又十分诧异。因为，邀请原岛兄到学习院大学任教的高田淳先生在原岛兄去世后，曾一度筹划出版他的著作却最终放弃，这一事情的经过我是知道的。"为了原岛，此事先放一放吧"，高田淳先生的这句话一直萦绕在我心中。我一直认为这是高田先生对准备把研究领域扩展到明代的原岛兄的一种体谅。其实，这番话却是高田先生当时茫然心情的真实写照，他无法接受原岛兄已经离去的事实，高田先生曾把自己的身后之事托付给原岛兄。

原岛兄于 70 年代末到 80 年代初的五年间，与夫人一起先在广州外国语学院，后在中山大学教授日语和日本文化课程，培养了许多中国学生。可想而知，他在教学中讲述自己所熟悉的日本时是多么毫无保留。回到日本后，原岛兄前往学习院大学教授汉语、中国史等课程，也得到了许多日本学生的喜爱。因为给他们授课的是亲历中国社会的日本老师，他口中的中国是如此真实。

1981年，我与原岛兄初识，介绍人是原岛兄在广外的同事大理浩秋，他专攻中国文学。1984年，在吊唁西顺藏先生（高田先生敬重的中国思想研究学者）的那天，我与原岛兄深谈至拂晓，自此熟悉起来。

原岛兄参与的学习院大学的研究会，我也曾参加过一些。其中存续时间较长的当数高田先生卸任前一直在主持的《越缦堂日记》研读会，参加者有研究近代中国史的小岛晋治先生、研究中国文学的新岛淳良先生和来自北京的东洋文化研究所宋代史研究专家王瑞来先生等人。而原岛兄主持的《崇德老人自订年谱》研究会，虽然研究中国近代史的武内房司先生和研究中国近代思想史的高柳信夫先生都曾参与，却早早解散了。另外，原岛兄担任主任研究员时主持的东洋文化研究所研究项目"中国史上的'民族'问题"，参加者有武内房司先生、王瑞来先生以及研究中国古代史的市来弘志先生。后因原岛兄病倒的缘故，该项目仅翻译了费孝通的《乡土中国》便宣告结束。

因为参与上述研究会的机缘，我和原岛兄时常在会后进行交流，也许是因为相同的学生运动经历给了我们同道中人的亲密感吧。我印象尤为深刻的是原岛兄在京都大学时的故事，他的讲述里充满自己特有的幽默和腼腆：原岛兄上大学的初衷是专攻中国文学，却改学东洋史并投身学生运动；学生们不满足于只在日本抗争甚至跑到海外去参加运动的举动和情怀；在大学里熬夜查资料时，看到教授的研究室灯火通明，自己也越发充满干劲；他与岛田虔次先生、川胜义雄先生、狭间直树先生之间的往事。

原岛兄留下了关于中国历史、思想、社会等方面的论文，文中展现的独特见解是他回国后长达十五年思考研究的结晶。本书的主要研究对象是近代中国，但研究范围却涉及从古代至现代的各个时代，除了齐周华、龚自珍、林则徐、章炳麟等人物外，他还研究了蚕丛这种神话传说人物乃至萨满教、辫发等中国传统习俗。可以说，本书是以整体中国作为考察对象的。他通过研究前近代与近代之间的延续和断层，以独特的视角来探索传统与近代的关系。传统与近代的关系既是原岛兄进行学术研究的切入点，也是战后日本研究中国的思路。原岛兄的研究背后不仅有其在京都大学和东北大学就读期间打下的日本学术基础，也汲取了王船山、章炳麟、鲁迅、王国维乃至陈寅恪、李泽厚等中国方面的学术精华。通过与这些思想家的"较量"，他打造出广阔的思想森林，并将我们读者带入其中。本书将原岛兄对中国历史、思想、社会的锐利分析以及从内部对中国进行探索研究的过程展现在读者面前。

原岛兄认为近代中国是"官""民""夷/洋"三者关系错综复杂的发展过程。因而，他着眼于作为"夷/洋"的基督教、民主主义、马克思主义各自在太平天国、辛亥革命以及中华人民共和国建立时期发挥的作用。他认为要切断官与民的相生相容的关系，"杜绝阿Q的出现"，彻底否定皇帝与奴隶、买办与军阀，这样才能有中国近代化的可能性。在生命的尾声，他认为研究不能局限于近代，因此准备将范围上溯到明代，也是出于上述考虑。

我去医院看望他时，谈及病情，原岛兄说身为基督徒他早已有了心理准备。他不顾病情的恶化，抱病参加我们的研究会。与原岛兄一起共度他生命的最后时光，那段日子至今仍让我难以忘怀。

听说在原岛兄去世后，友人黄成武根据原岛兄的遗愿，将其藏书捐赠给了镇江市图书馆。而此次原岛兄的著作在他的中国学生们的多方努力下得以翻译出版，一定也是原岛兄对中国的那份深厚情谊结出的善果。

一般社团法人　中国研究所理事长　川上哲正

2022 年 4 月 21 日于东京

"中国近代"之孤独的探寻者

——原岛春雄《近代中国断章》导读

一、章太炎之"哀"或鲁迅之
"寂寞"的异国共鸣者

写此稿时，我的案头摆着一本日本岩波书店出版的《思想》杂志（1983 年 6 月号）。这本杂志是我藏书的部分，在东京神保町旧书街购得。上面刊登着原岛春雄先生收入此书中的论文《章太炎的学术与革命——从"哀"至"寂寞"》（第175—209 页）。我是 2003 年在图书馆中发现这篇论文的；论文刊载二十年后，它与一个迟来的中国读者相遇。从作者年谱推测，这应是作者 37 岁时的论文。《思想》创刊于 1921 年，是日本人文思想类最为权威的商业性学术杂志。日本这类杂志一般不接受外面投稿，常常是杂志社委托某位权威的学者就某一主题组稿，或者杂志社直接约稿，因此，严格讲是审人非审稿的机制。因为章学研究论文并不是那么多，而且是出现在《思想》上，这篇论文给我留下了深刻的印象。但是，我对这位作者毫无所知。副标题"从'哀'至'寂寞'"，显然是章太炎

（1869—1936）之"哀"、之"寂寞"的共鸣者。这又让我想起鲁迅（1881—1936）。鲁迅在1902年至1909东京留学的后期将自己置于章太炎浓重的影响之下，拳拳服膺之。鲁迅当是另一位影响深远的从"哀"至"寂寞"者。在章太炎解读者中，萧公权先生（1897—1981）大概是对章太炎的"哀"或"寂寞"最为敏感者。萧公权尝言："吾人如谓章氏为中国最悲观之政治思想家，殆无大误。"[1]鲁迅何尝不是？原岛先生这位"哀"或"寂寞"的共鸣者，也令我想象不已。这是我最初与原岛先生的"相遇"。

大概是2019年年底，广东外语外贸大学的魏育邻教授偶然在微信中提及，他年轻时的恩师原岛春雄先生1997年英年早逝，享年51岁，最近终于出版了遗作。此时我才知道这位原岛先生的大致背景。其时，我刚刚因私人原因辞去东京大学教职回到香港任教两个多月。我马上在亚马逊上邮购来原岛先生遗作。我也因此第一次对原岛先生的背景有了多少的了解。写作此文之前的7月22日，魏育邻教授传来多年前原岛先生与几位广州外国语学院的老师和旧生相逢于东京的合影照片，其中也有魏教授。我第一次窥见作者的模样。酷肖鲁迅的胡子，许是其最大的特征。后来也读到了宋史专家王瑞来先生收录于其随笔集《日知余录》（上海人民出版社2021年版）中悼念原岛先生的文章，始知他们是好友。文中也收录了王先生与原岛先生的合影。酷肖鲁迅的胡子，也让人联想"中国"与这位战后出生的日本学人之间的某种联系。这也间接让我理解了他关注章太炎之"哀"、之"寂寞"的某种缘由。听魏教授说，原岛先

---

〔1〕 萧公权《中国政治思想史》，汪荣祖译，新星出版社2005年版，第581页。

生的母亲曾告诉他，原岛先生自小便是鲁迅的崇拜者。我由此想象着那位像鲁迅那样因早熟而不安的原岛少年。亦由此想象着他在 31 岁时远赴中国的种种缘由，包括他 1969 年本科生时代参加学生运动后潜心学术的背景。

前面提及的《章太炎的学术与革命——从"哀"至"寂寞"》实际上正是一篇章鲁合论的论文。在他细腻的分析中，我们看到鲁迅如何以沉重的"寂寞"，去承载起章太炎狂者之"哀"。同样，原岛先生著作中收录的《辫发考》，也不无章太炎《解辫发》（收录于章太炎 1903 年初版的《訄书》重订本[1]）的影响。1900 年旧历七月章太炎满 33 岁，因不满唐才常以"勤王"名义起兵，作此文断发宣示与清决绝之志。[2]原岛先生《辫发考》追踪崇祯十七年（1644 年）三月李自成臣下刘宗敏令百姓大书"顺民"两字相迎，结果百姓无不顺从一事，再追踪至 1900 年八国联军入京时同样历史再现为止，以探讨鲁迅批判国人如何在专制制度下养成的"奴性"的历史脉络，以及章太炎这方面对鲁迅的影响。

二、本书与近代日本知识分子的 "近代"思考谱系

虽然在我心目中，原岛先生一直是章太炎研究的前辈，但是，这本书却不完全是章太炎研究论集。这是我刚拿到这本书时颇感意外之处。该书标题为《近代中国断章》。日文的"近

---

[1] 《訄书》重订本定稿时间，据《章太炎全集》第三卷朱维铮《本卷前言》，上海人民出版社 2018 年版，第 1—24 页。

[2] 《自定年谱》（1928），《章太炎全集》第十一卷，第 756 页。

代"有"近现代"之意，有时在用法上大致相当于英文的 mo-
dernity（现代性）。但是，可能令中国读者感到意外的是，该书
是从明末清初开始谈起的。也就是说，是一个长时段的"近
代"。以 16 世纪末开始的四五百年时段为"近代"或"早期近
代"的观点，在近年英语等国外中国史研究界尤其是经济史研
究者中是一个被普遍接受的历史分期法。但是，从史学史和知
识分子思想史的角度看，关于何谓中国乃至东亚的"近代"
（modernity）或者"早期近代"（the early modern）（后者日文
称为"近世"），在 20 世纪以来的日本有不短的讨论谱系。中
国史"近世"论的代表人物是日本中国史家内藤湖南（1866—
1934，内藤虎次郎），他提出了著名的"唐宋变革论"以及与
之相关联的中国史时代划分法。所谓的唐宋变革，指的是唐宋
之间由之前的贵族政治往科举考试出身的高度成熟的文人政治
转换、由被限定于贵族土地上的奴隶佃农往人民拥有土地的转
换、由君主透过门阀政治统治人民往君主与人民直接相对的统
治方式的转换。此外，唐宋之间也经历了由商品价值以绢布计
算，往铜钱和纸币为交换媒介的转换，亦即往货币经济发展的
转换。同时，文化上也出现了城市大众文化进一步蓬勃发展的
转换，等等。内藤湖南将唐宋之间这一类转变称为"中世与近
世之间的一大转换"。[1]内藤湖南的"近世观"将唐宋之间所
发生的变化与欧洲文艺复兴等量齐观。可以说，他是以西洋史
框架去批判欧洲中心的中国史（或东亚史）解释框架。内藤的唐
宋变革论或时代划分论为其弟子宫崎市定（1901—1995）所继

---

〔1〕　内藤湖南《概括的唐宋时代观》，收入《内藤湖南全集》第八卷，筑摩书房
　　　1997 年版，第 119 页。

承。宫崎在其《东洋素朴主义民族与文明主义社会》（1940）中，对"中世"不设过渡期，直接将中世由三国的曹操（155—220）算起；将唐宋变革结果之"近世"归为三个特点：一为农兵分离，将宋太祖的禁军视为国家常备军确立的标志，并探讨由此带来的财源变化，比如唐末专卖法的延续（盐、酒、茶等专卖，课以高额消费税）；二为科举文人士大夫阶级替代贵族门阀政治；三为社会整体物质生活的提升，尤其是科技文明与都市文明的高度发达。[1]

内藤的时代划分法或者中国"近世"观在日本有许多追随者，在英语圈中国史研究界，其影响至今仍很明显。在日本国内，对内藤的"近世"论亦不乏批判者，并由此引发了论争。批判内藤观点者，以战后日本史学重镇历史学研究会（"历研"）为代表。在学会杂志《历史学研究》2006 年 11 月号（总第 821 号）上，史上第一次组织了特集"思考'近世化'"，首次以"近世"概念批判性地修正、评价了内藤的"近世"论。其批判性修正者的代表是明清经济史、社会史专家岸本美绪（1952 年出生）的《中国史中的"近世"概念》一文。实际上，早在 1998 年的论文及著述中，岸本美绪的"近世"观即已趋明确。其"近世论"与内亚史家傅礼初（Joseph Fletcher）发表于 1985 年的论文《统合史》（Integrative History）的观点相类，后者视 16 世纪为"近代"的起点。[2]

---

〔1〕《東洋における素朴主義の民族と文明主義の社会》，收入《宫崎市定全集》第 2 卷，岩波书店 1992 年版，第 93—102 页。其"东洋"为东亚之意。

〔2〕 Joseph Fletcher, "Integrative History: Parallels and Interconnections in the Early Modern Period, 1500—1800," in Joseph Fletcher, *Studies on Chinese and Islamic Inner Asia*, edited by Beatrice Forbes Manz, Oxford, UK: Taylor & Francis, 1995, pp.X1—35.

在《统合史》这篇长文中，傅礼初认为，自 1500 年至 1800 年，世界多个地域中出现了相互关联的同时期发展（parallelism）：（1）人口的增加，（2）节奏的加速化（历史事件的节奏、政治、知识的节奏的加快），（3）作为经济活动中心的"区域性"城市之成长（城市化倾向，城镇及中等城市在数量、规模及重要性上的增长），（4）城市商业阶层崛起，（5）宗教复兴与传教活动（各大宗教的改革），（6）农村的骚乱，（7）游牧民族的衰落。[1] 这一观点为岸本美绪等日本和西方许多经济史家所共享。（与英语圈区域认同内藤观点相比，汉语圈大部分研究者对此"近世"观似乎多持有谨慎的距离。此一区别，耐人寻味。前面提及的旅日宋史专家王瑞来先生则批判性地发展唐宋变革论，提出宋元变革论，此处不赘。）

上述这些有关中国"近代"的论争，自然也与日本知识分子的自我认识、自我认同密切相关。这些论争与近代日本知识分子思想史中对现代性持批判态度的、中国史以外的潮流相互关联，形成了一个思考中国乃至东亚"近代"的思想史、学术史谱系。这些论争带来的其中一个思想史、学术史成果，便是"作为方法的亚洲""作为方法的中国"之类的命题。其代表人物是竹内好（1908—1977）以及竹内好影响之下的沟口雄三（1932—2010）等新一代日本的中国研究者。在上述的意义上，完全可以说"近代"（日文发音 kindai）是一个日本近现代思想史的重要概念。

以上以较长篇幅梳理了日本知识分子有关中国（或东

---

[1] Joseph Fletcher, "Integrative History: Parallels and Interconnections in the Early Modern Period, 1500—1800," in Joseph Fletcher, *Studies on Chinese and Islamic Inner Asia*, pp.8—33.

亚）现代性的思考，似乎有些迂回。但其实不然。原岛春雄著作的标题，正浓缩了他探寻中国"近代"的心路历程。笔者以为，其所思所感，应该在此日本知识分子思想史、学术史的脉络中进行理解。可以发现，原岛的中国"近代"起点，与比他年轻六岁的明清经济史家和社会史家岸本美绪的"近代"（"近世"）观都是从明末清初开始算起。这一起点，如前所述，也与内亚史家傅礼初对 16 世纪以来的全球史的把握相契合。后者也足证，明末以来的中国史也是高度处于全球史互联互动的关系性中的。这一点对理解本书所主张的把握明清以来中国史的"官—民—夷/洋"三元结构，亦不无裨益。

本书收入十一篇论文，除了最后一篇《蚕丛考》为古代蜀国史考证外，其余十篇从时间和内容上看，乃是一本自明末为起点，最后以清末民初的章太炎、鲁迅合论为结尾的著作（第十篇为《章太炎的学术与革命——从"哀"至"寂寞"》）。换言之，《蚕丛考》不过是附录，其余十篇论文有着高度的首尾一贯性。从时段上看讨论了从明末清初至改革开放初年的中国。毕竟是构想于临终病榻之前的目录，这一附录与其余论文的关系显然作者未及处理。我也猜测，收入此"附录"的用意，也是因为这是一篇讲求考证功夫的论文。这也是与作者推崇的章太炎所主张的实事求是的考据学学风相符合的。对作者"近代"这一长时段的以上理解，也可以从作者大学时代友人印藤和宽先生和桥本恭子女士的《编辑后记》中得到佐证。二位回忆起，大概是在中国"文革"后期之时，作者向二位谈起山田庆儿翻译了章太炎在同盟会机关报《民报》时期的论文的同时，也告诉二位，中国革命的源头其实是在明末清初。

更加重要的是，一个日本近代中国史研究者在"文革"结束后便来到中国，亲历中国由后"文革"时代步入迥然有异的改革开放时代。原岛不仅从历史中去探寻中国的结构，更是从现场、从现实中去观察中国。他的著作，正试图从历史的连续与断裂中去观察中国。他显然是"作为方法的中国"的谱系影响之下的日本知识分子。然而，他显然又超越了这一点：他亲临现场，在现实中感受历史，又在故纸堆中感受现实，从中去思考中国与日本的"近代"。本书正是这样的结晶。在《近现代化与中国的思想传统》一文中，他提及近代中国的先驱既挑战了"传统的封建"，又以此"传统的封建"为武器与"外来的近代"作战，并以此批判了"脱亚入欧"的日本现代性（第 142 页）。这些都是在中国现场思考者的痛切之感。这也质疑了"传统"与"现代"、"东方"与"西方"二元对立框架之问题所在。

三、"三元里"与反二元的多元的思考

在本书中，"三元里"这一地名不时出现。三元里是 1841 年 5 月第一次鸦片战争时期当地民众自发武装抗击英军事件的所在地，位于广州城北郊。众所周知，鸦片战争被中国历史教科书视为中国"近代"的起点。对于本书作者来说，三元里也是他任教过的广州外国语学院的所在地（下称"广外"，广东外语外贸大学的前身之一。作者 1977 年 8 月至 1980 年 8 月任教广外后，1980 年 9 月至 1982 年 8 月转任于同在广州的中山大学）。亦因以上的原因，本书中所收的一篇随笔题为《三元里的对话》，料其寓意至少有（或者可以解读为）如下三个方面。

首先，一如上述，"三元里"之寓意之一在于常识意义上的中国"近代"起点。彻底动摇清朝统治根基的太平天国运动（1851—1864）发源于广东花县（今天广州市花都区），花县亦离三元里不远。对太平天国运动平均主义的批判性省思，也是本书的内容之一。但是，如前所述，本书"近代"的起点是明末，远远早于第一次鸦片战争。与视第一次鸦片战争为中国"近代"起点的常识相比，他在试图寻找一个可以更本质地把握中国"近代"的起点，并因此选择以长时段思考这一"近代"。其次，"三元里"之另一寓意亦在于广外，这里既是作者任教之处，又是作者思考"近代中国"以及"近代日本"的历史与现实的"现场"。在三元里这一现场思考"中国""近代"，既是作者受日本战后知识分子思想传统中"作为方法的亚洲"或"作为方法的中国"之影响的结果，也是对这一传统的相对化。"作为方法的中国"为战后日本知识分子的思想、学术留下了可贵的遗产，同时它也暴露出其明显的局限：对"中国"的概念化、浪漫化在现实中国面前显得苍白无力，甚至很可能是没有中国的"中国"。这自然多少与当时中日两国尚未有外交关系、相互阻隔的事实有关，但是，更与战后日本知识分子传统直接有关。作者在本书中处处显出他对现实中国人民的深切关怀，这是有血有肉的活生生的中国。这也显露出他与战后日本知识分子"作为方法的中国"的思想传统的复杂关系。《"平均"解》探讨了明清以来，经历太平天国运动，直至1960年代为止的历史中的"平均"观念及实践的谱系。作者揭示出，这一"平均"观念与实践一方面拥有其伦理性的同时，另一方面又成为农民战争中合理化压迫、合理化不平等的概念装置，从而展示了中国史的一个悖论性结构。其中作者对太平天国之"平均"的分析更是与主流的教条主义式解读迥然有异。从文中可知，其解读又是与 20 世纪 80 年代初中国史学界对平均主义的反省相呼应的（《"平均"解》第四节，第 71 页）。他在书中目睹中国改革开放伊始种种新气象，笔下流露出种种同情和期盼（《三元里的对话》最是代表）。总之，他的"中国"不是概念化的仅仅作为"方法"的"中国"，而是大历史洪流中由有着七情六欲、喜怒哀乐的人们构成的纷繁的画面，而字里行间，我们又不时可以感受到其关切。

此外，"三元里"这一地名也是"夷/洋"的象征。"夷/洋"也正是本书所强调的解读明末以来尤其清中叶以来中国历史的"官—民—夷/洋"三元结构之一元。明末以来的中国越来越处于与变动的全球史之关系性中，从万历年间"一条鞭法"的实施带来的银本位财政政策的确立，以及其结果对外国银（日本银、美洲银）的依赖，到军事技术东西大交流所带来的热兵器军事技术的竞争，耶稣会的东西文明交流，等等，莫不如是。无论是海洋中国，还是内陆中国，莫不是与西方关系性中的中国。三元里所处的广东，更是举足轻重。就海洋部分的中国而言，明代后期葡萄牙强占澳门、借助澳门建立包括广州港在内的贸易网络关系。自 1757 年至 1842 年《南京条约》的签订之前，清朝规定西洋商人只可以在广州通商，即所谓"一口通商"体系（Canton system）。再至虎门销烟、鸦片战争以及太平天国运动、三元里抗英事件，等等，莫不是与"夷/洋"关系中的"近代"中国的缩影。"三元里"（广东）更是这一"夷/洋"最为浓缩的象征。本书所收的《林则徐小考》更是直接处理这一问题的论文。

最后，"三元里"这一地名，更与本书观察近代中国的多元框架有着巧合之处。此一多元框架便是本书解读明末以来尤其清中叶以来中国历史的"官—民—夷/洋"三元结构，或是其"政治—官僚、经济—地主、社会—家长、文化—读书人"之四元结构。此一四元结构是作者改造了马克思主义经济学家王亚南（1901—1969）观察传统中国的官、商、高利贷、地主四元结构的结果（《"平均"解》第二节，第61页）。值得注意的是，作者的"夷/洋"不仅是外敌的威胁，也包括了太平天国的基督教影响以及马克思主义中国化问题。

虽然作者并未明言，"官—民—夷/洋"三元结构，或是其"政治—官僚、经济—地主、社会—家长、文化—读书人"之四元结构是本书一以贯之的框架。但是，事实上"官—民—夷/洋"的三者关系，以及观察传统社会的上述"政治—官僚、经济—地主、社会—家长、文化—读书人"之四元结构，在书中频频出现，无疑是贯穿本书的重要方法论视点。作者亦未明言其"官—民—夷"三元结构，或"政治—官僚、经济—地主、社会—家长、文化—读书人"之四元结构是相对于二元（对立）结构而言的。但是，在具体叙述上，作者确实是在回避容易流于简化的二元结构。这些习惯性的二元对立框架，比如内与外、官与民、国家与社会，还有哲学上的主观与客观等等，往往容易将对立的两者截然分开，然后在叙述中自觉不自觉地将其中一项中心化，遂成为二元对立结构。二元对立结构也容易以（所建构的）对立的一方，去描述（建构）其所中心化的另一方，因而在哲学上最终流于同一性结构。其缺陷不言而喻。这一类二元对立结构往往是某种思考习惯之惰性所致，因为二元结构确实方便，可不假思索，拈手便来。但是，它往往容易导致将分析对象简化。王弼（226—249）《老子注》曾警示：

"喜怒同根，是非同门，故不可得而偏举也。"〔1〕类似意思亦见于《庄子·秋水》"知东西之相反而不可以相无"。意即看似对立的双项、二元，如"喜怒""是非""东西"等，并非是单纯的截然对立，而是由对立双方所构成的运动中的关系。〔2〕显然二元对立的问题，先秦先哲早有所警示。作者在本书中对多元结构的追求，正是试图烘现此一富有相互运动性的否定性关系。

当然，也必须说明的是，本书作者亦未将此三元结构或多元结构与地名"三元里"相提并论。这完全是导读者一己的解读。是否是过度阐释，敬请读者诸君明断。但是，笔者以为，类似的解读，也许正是书评者或导读者使命之所在，因为这也是导读者与原作者透过文本积极而主动的对话结果。

四、本书与日本的章太炎研究

本书共收录论文十一篇，有关章太炎的研究论文，只有《"国"与"家"之间》以及上述《章太炎的学术与革命——从"哀"至"寂寞"》。然而，与章太炎的对话、对章太炎的言及，在书中不时可见。囿于篇幅，本文无意介入本书两篇章学研究的具体内容，而是想提供战后日本章太炎研究的谱系与本书的关联。除了章太炎外，本书中另一位频频出现的中国思想家是明末清初的王夫之（船山，1619—1692）。日本战后中

---

〔1〕 王弼注、楼宇烈校释《老子道德经注校释》，中华书局 1999 年版，第 6 页。

〔2〕 张钟元指出，老子辩证法并非是朝向含括性理性之绝对的既定目标之向上性运动；它并非是超越所有的矛盾，朝向绝对而前进。Chang, Chung-Yuan, *Tao: A New Way of Thinking* (Taipei: Caves Books Ltd., 1975)。本文据日译本，张钟元著、上野浩道译《老子の思想》，讲谈社 1987 年版，第 58 页。此处所批判的是黑格尔辩证法。

国研究史中同时研究章太炎与王船山且业绩斐然者，当推西顺藏先生（1914—1984）和高田淳先生（1925—2010）。但西顺藏更是一个组织者。无论在章太炎研究还是王船山研究方面，尤其又以高田淳先生最为系统（尤其章学）。高田淳先生1974年从东京大学退休后转入日本学习院大学任教授，而学习院大学也正是本书作者从1988年至去世的1997年任教的大学。我们不难发现本书作者与高田淳先生之间的关系：本书作者应该很受高田淳先生赏识，并或多或少受高田淳先生的学术影响。本文开头提及的《思想》杂志1983年刊载的作者论文，也很可能是高田淳先生推荐的结果。高田淳1952年毕业于东京大学，父亲高田真治（1893—1975，号陶轩）是日本著名的易学家、原东京大学教授。高田真治主张日本应该坚守固有的汉学传统，而非走近代的中国学之路。受家学影响，高田淳先生的王船山研究也主要集中于船山易学。[1]亦因此家学渊源，高田淳教授得以处理章太炎晦涩而高深的文本，可谓是章学之开山者之一。[2]附带提及，为本书作序的川上哲正先生也正是高田淳先生的高足。

至今，海外章太炎研究其实也主要在日本。这一事实一方面与辛亥革命的重要基地在东京有关，还因为章太炎与明治日本学术史、思想史的关联颇深。[3]少数英文出版的章学研究，

〔1〕 代表作有《王船山易學述義》，汲古書院2000年版。

〔2〕 代表作有《辛亥革命と章炳麟の斉物哲学》，研文出版1984年版。

〔3〕 小林武的研究在究明章太炎透过明治日本吸收西学方面最有说服力。小林武《章太炎与明治思潮》，白雨田译，上海人民出版社2018年版。另可参考慕唯仁（Viren Murthy）《章太炎的政治哲学：意识之抵抗》，任志均、张春田译，华东师范大学出版社2018年版；彭春凌亦探讨了章太炎与西学的关系，如《章太炎对姊崎正治宗教学思想的扬弃》，《历史研究》2012年第4期；《章太炎译〈斯宾塞尔文集〉研究、重译及校注》，上海人民出版社2021年版。不一而足。笔者亦有相关研究，兹从略。

除了萧公权、汪荣祖先生等外，[1] 其实其他成果主要也是在日文成果的影响之下的。[2] 日本较为系统的章太炎研究发端于西顺藏 1952 年发起读书会，其中 1957 年开始，西顺藏组织大家在其家中精读《太炎文录初编·别录》（主要为章太炎《民报》时期文章）的读书会，持续两年。读书会的参加者有近藤邦康先生等，[3] 高田淳先生应该也在其中。在 1959 年 10 月 31 日开始油印刊发至 1963 年 3 月 10 第 30 期为止的《日本近代中国思想史研究会会报》中，也有岛田虔次、星野原男、近藤邦康等有关章太炎研究的论文发表。[4] 竹内好、西顺藏、丸山升、高田淳、坂出祥伸、新岛淳良等皆是该会会员。这些都是战后日本中国研究成果卓著、富有影响的研究者。这里介绍上述情况，意在为读者理解本书提供一个学术背景，尤其是章太炎研究史的背景。

---

[1] 2016 年前的章太炎研究成果见陈学然《章太炎研究文献书目初编》，《章太炎全集·附录》，上海人民出版社 2017 年版。

[2] 总的来说，包括英文在内的欧美中国研究界对章太炎的研究是不足的。原因是章太炎文本太难。除了萧公权、汪荣祖等华人学者的英文著作外，英文的章太炎研究大都不同程度受日本研究成果影响。主要有：Kauko Laitinen, *Chinese Nationalism in the Late Qing Dynasty：Zhang Binglin as an Anti-Manchu Propagandist*（London：Curzon Press, 1990），该书为作者根据其东京大学博士论文改写。Murthy, Viren , *The Political Philosophy of Zhang Taiyan：The Resistance of Consciousness*（Leiden；Boston：Brill, 2011）（前引汉译《章太炎的政治哲学：意识之抵抗》）。该书作者慕唯仁（Viren Murthy）通晓多国语言，中日文俱佳，其研究尤其是在西顺藏、高田淳、近藤邦康、小林武、坂元弘子等日本学者研究成果影响之下。该书与日本中国研究的关系，请参考笔者长篇书评：Lin Shaoyang, "Questioning Modern Chinese Views of Temporality in Context of Comparative Philosophy," *China Review International*, 2012, 19（4）（May 2015），pp.543—563。

[3] 西顺藏、近藤邦康编译《章炳麟集：清末の民族革命思想》，岩波书店 2004 年版，第 469 页（近藤邦康"解说"）。

[4] 感谢友人、前同事石井刚教授慷慨分享这些难得的油印资料。

本导读是笔者毛遂自荐的结果，感谢上海人民出版社张钰翰博士惠诺。从原著《出版说明》中得知，51岁英年早逝的本书作者1997年弥留之际，于病榻中拟定了出版目录。这位与时间赛跑的学者，假若稍可在生，一定会在出版前对本书更多地打磨、修改，将自己的问题关怀进一步清晰化，甚至更进一步将自己的思考升华，并将之修改、清晰、升华为一篇导论，导读其思。但是，他没有来得及做这些。本书标题的《近代中国断章》，一个"断"字，令人无限联想，也令人唏嘘、扼腕。出于对先学的尊敬，出于对作者未竟之愿的想象，笔者主动请缨写了这篇导读。唯愿对作者意图多少可以彰显，以飨汉语读者，亦告慰作者在天之灵。笔者不知是否做到了这一点。唯有交给读者诸君明断了。

此时此地，此情此景，身为一异国后学，谨以此文，权作心香一炷，纪念这位素未谋面、英年早逝的作者，一位中国"近代""哀"而"寂寞"的思考者。

林少阳

2022年中秋翌日（9月11日）夜晚

完稿于澳门大学

出版寄语

——原岛春雄君与勃拉姆斯

1897 年，勃拉姆斯去世。一百年之后的 1997 年，原岛春雄君去世。为什么将他们两个人联系在一起呢？在我的记忆中，他们两位是联系在一起的。对两位时隔一百年走完自己一生的人物，我颇有感慨。

从京都大学的"反封锁"之后，至今已有半个世纪。对于已经开始步入老年的我来说，虽然学生时代的记忆已经逐渐淡去，但有一些事是难以忘记的。

那时，我们是教养部的学生。某一天，原岛君有一位从东京来的朋友，在他的邀请下，我们一起逛京都，在金戒光明寺真如堂一带散步。原岛君把我介绍给东京来的朋友，说我是勃拉姆斯的爱好者。那时我想，聪明的原岛君是不是搞错了啊？我只不过知道勃拉姆斯是一位古典音乐的大作曲家，还谈不上是他的爱好者。不过，我没有否定他的话，支吾地笑了笑。从那以后起，半个世纪过去了，为了成为勃拉姆斯的爱好者，我不知买了多少他的 CD，还听了好多场音乐会。他的好几部作品给我年老后的生活增添了许多快慰。我想死后在莲花台上也要听他的音乐。

原岛君给我留下了不少难忘的美好印象。他虽然小我三岁，但我一直把他当兄长。他的言谈举止稳重高雅，学识渊博，有敏锐的感性与知性，具有不易妥协的韧性和文雅性格。他年轻时已经显示出孤高不凡的气质。

从京都大学毕业后，他进入东北大学的研究生院学习。我曾问他在仙台有什么收获。他立刻回答说，糟透了，一无所获！在他如此决然的语气中，我感到了他的某些伤感。

后来，他去了中国——那时的中国"文革"刚结束，情况并不明朗——在南方的大学教书，回国后在学习院大学教书。五十余岁的生涯实在太短了，因此，能够有幸接受他教导的年轻人是很有限的，他留下的论文也远不能充分展示他的才华。尽管如此，我相信，后来的优秀者一定会从他那里获得重要的启示，并将他具有的敏锐的感性和知性传承下去。

在桥本恭子女士和印藤和宽君的共同努力下，原岛君的遗稿论文集成功出版了。在此，我以学生时代的一些记忆来表达我的赞意。

山村洋介

出版说明

　　本书是近四分之一世纪前去世的原岛春雄先生的遗稿论文集。

　　原岛先生于 1997 年 6 月 10 日去世。在去世前的病床上，他读了《陈寅恪的最后 20 年》（三联书店 1996 年版），同时对本书的构成、章节作了一些笔记。

　　书名就定为《近代中国断章》，他的一个笔记就该书内容有如下记载：

　　一、萨满教的墓碑

　　二、齐周华与他所在的时代

　　三、买办说

　　四、"平均"解

　　五、官督民办考

　　六、辫发考

　　七、历史的变迁

　　八、"国"与"家"之间

　　九、租界的思想

其中，第三、五、七和九未完成。

本书将他草拟并已完成的部分作为第一部。我们将已经公开在互联网上的论文重新编辑成书，有哪些意义呢？

这些论文如果一篇一篇零散地阅读，尽管能引起读者的广泛兴趣，但不容易理解作者的意图。他的每篇论文都不是做某个考证之后得出的成果。因此，我们认为，读者在通读全书之后才能理解作者的意图。在编辑过程中，我们将第二部作为理解第一部的前提和思想线索。这些论文的发表时间略早于第一部的论文，因此，读者不妨先从第二部开始阅读。

第三部由最早发表和最后发表的两篇论文构成。原岛先生早在京都大学的学生时代就开始对王夫之（船山）进行研究，在研究生时代又对章炳麟（太炎）进行研究。后来，他还研究了王国维，在甲骨文、文字学方面都有很深的造诣，从其中的一篇论文可以了解他的功底。此外，他在大学时代就开始关注朝鲜史问题，还参加了"朝鲜近代化的问题"的研究项目。

除此之外，作为汉语教师，他还发表过有关汉语修辞语法的论文。我们对他在大学时代对王夫之的研究情况并不清楚，不过，我们意外找到一篇文章，附在下面作为参考。这篇文章叙述了他与高田淳先生一起访问王夫之故乡时的情况。这篇文章记载本书作者的话也许能够作为本书的"自序"。它展现了面带笑容、低声细语、在庄重的气氛中略带调侃的原岛先生栩栩如生的画面。

在武内房司先生的《缅怀原岛春雄先生》（《学习院史学》第36号，学习院大学史学会，1998年3月）一文里附有原岛春雄主要著作的目录。

本书收集的论文都在论文的末尾处标示论文发表的出处。

另外，编者在认为难读的汉字旁边标示了日语读音。

日本学者瞻仰王船山

一九八四年九月二十五日（农历九月初一日），这天正是明末清初思想家王船山先生诞辰三百六十五周年。日本学习院大学高田淳教授、原岛春雄讲师怀着对王船山的景仰之情，千里迢迢，远涉重洋，专程到湖南衡阳县曲兰乡瞻仰王船山先生故居——湘西草堂。他们以日本人的庄重礼节，在王船山墓前举行祭拜仪式。六十岁的高田淳先生满怀深情，先在船山墓周围洒上两瓶回雁峰大曲，再点燃一排蜡烛，手中捏着一捆香，伫立在船山墓前，默哀致敬。原岛春雄先生风趣地向大家说："船山先生诞生在回雁峰下的王衙坪，让先哲喝点回雁酒，就会想起他的诞生之地。"

听他这么一说，一行人都开怀地笑了起来。（后略）

（原载《船山学报》1985 年第 2 期，
船山学社，1985 年 10 月，第 54 页）

第一部

清朝萨满教的堂子祭

一

> 国家起自辽、沈，有设竿祭天之礼。又总祀社稷诸神祇于静室，名曰堂子，实与古明堂会祀群神之制相符，犹沿古礼也。

这是礼亲王昭梿[1]《啸亭杂录》卷八"堂子"（清昭梿著，中华书局 1980 年版）条中的一段，也是许多研究堂子祭有关论文常引用的文字。他的这段话表明堂子其实就是明堂。礼亲王生于乾隆四十一年，死于道光九年，相当于公元 1776—1829 年。他出身皇族，家世显贵，为建国时期的礼亲王代善之后。昭梿经历了王朝动荡的年代，精通清朝典故，与他的这一经历有一定关系。在这一方面，与其他皇族相比，可谓出类拔萃。龚自珍的祖父和父亲一直在礼部就职，他本人也曾就职于礼部，对清朝的典章制度了如指掌。龚自珍对礼亲王十分赞赏，他说：

---

[1] 译者注：昭梿（1776—1830），爱好文史，精通满洲民俗和清朝典章制度，与魏源、龚自珍、纪昀等名士有往来，著有《啸亭杂录》《啸亭续录》《礼府志》。

王于天聪、崇德以降，琐事丕事，皆说其年月无误。
每一事辄言其原流正变分合，作数十重问答不倦。自珍所
交贤不贤，识掌故者，自程大理同文而外，莫如王也。
（《龚自珍全集》第五集《与人笺》，上海人民出版社
1975年版）

礼亲王在《啸亭杂录》"堂子"条作了如下记述：

既定鼎中原，建堂子于长安左门外，建祭神殿于正中。
即汇祀诸神祇者。南向前为拜天圆殿，殿南正中设大内致
祭立杆石座次。稍后两翼分设各六行，行各六重，第一重
为诸皇子致祭立杆石座，诸王、贝勒、公等依次序列。均
北向。

从这段文字看，礼亲王的确是此堂子祭的参加者。

礼亲王相信堂子祭相当于中国古礼中的明堂。不过，礼亲
王也记述了满洲的古礼"跳神仪"。"跳神仪"是堂子祭的前
身，这一点得到堂子祭的相关资料，尤其是记述有关堂子祭的
《钦定满洲祭神祭天典礼》的证实。他在《啸亭杂录》卷九
"满洲跳神仪"条里有如下记述：

巫人（用女使——原注）吉服舞刀，祝词曰"敬献糕
饵，以祈康年"诸词。主人跪击神版，诸护卫击神版及弹
弦、筝、月琴以和之，其声呜呜可听。巫者歌毕念祝词，
主人敬聆毕，叩首，兴。

虽然文中使用了"巫"一词，以谨慎回避萨满的说法，但这其实就是货真价实的萨满教。堂子祭以满洲的神秘仪式萨满教为基础，因此，清朝一直以堂子祭"典至重"（《清文献通考·郊社考》）。自开国伊始，堂子祭就蒙上了神秘的面纱，由此产生各种各样的牵强附会、误解乃至造假。它关系着中国最后的一个王朝的根基。

中国历代王朝都有虚构掩饰的开国神话，捏造史实也很见，但清朝捏造自己开国史的程度是空前绝后的。清朝的建国者亲自"发现"或"发明"了满洲的国号。关于满洲的词源众说纷纭。根据孟森的考证，它来自文殊菩萨。他说："故建州（女真族的分支，满洲最初的部族名称）可谓以满住即文殊，为其酋长之部族，亦可谓为文殊部族。"（孟森《满洲开国史》第一讲《满洲名称考》，上海古籍出版社 1992 年版，第 5 页）这一点也得到清朝史学家的认可。清朝钦定的《满洲源流考》卷一里有如下记述：

> 按满洲本部族名……以国书考之，"满洲"本作"满珠"……我朝光启东土，每岁西藏献丹书皆称"曼珠师利大皇帝"。翻译名义曰"曼珠"，华言妙吉祥也。

不过，《清太祖实录》记载："布库里雍顺，居长白山东俄漠惠之野俄朵里城，国号曰满洲，是为满洲开基之始也。"这无疑是对历史的篡改，其用意在于抹去满洲在始祖时代一直处于被明朝统治的那段历史，由此证明从明至清的王朝更替不是通过武力篡夺的。这样，明朝对东北统治的事实就彻底从历史中消除了。建州是满洲的前身，这一名称自古以来就是民族名称女真或女直（在《元史·地理志》"开元路"里有"古肃慎之地，即金鼻祖之部落也。始初号女真，后避兴宗讳，改曰女直"的记述。因此女直是为了避辽兴宗〔宗真〕之讳）。这是对这些词语进行消除或附会。这些事实非常有助于了解清朝的本质，但已超出本文讨论的范围，不在此赘述。

一层一层剥去清朝建国虚假面纱的人是孟森（1869—1937）。孟森，字莼孙，号心史，江苏武进人，著有《明清史论著集刊》《明清史讲义》《满洲开国史》等。他生于清朝末年，目睹了辛亥革命，也许这些经历使他敢于触犯清朝开国历史的禁忌，挖掘原始资料，不断戳穿清朝前半期一直隐藏的虚伪历史。孟森将质疑的目光投向堂子祭是很自然的。他写过一篇关于清朝弄虚作假手法的文章。

阿台在建州酋目中，始见于清之实录，谓之阿太章京。章京据满文训释，即将军之对音。满文明明用汉语，既写以满字母，再译汉文，又故意别其字，以示其秘幻，不使人一见而易知。在乾隆改定译文，多本此意。而太祖太宗时，则或由译者不知其本出汉文，遂但从其音而歧其字，其知为本用汉义者，即经书汉文。故未入关前之文字，仍汉名者甚多。至乾隆时，乃尽改为对音之字。今所传之清初文字记载，皆乾隆所重定，比较关外原本，乃知后来之矫揉造作也。（《满洲开国史》第十讲，第237页）

这些造假的手法用孟森的话来说就是"秘幻"化的模式，这样说并不过分。孟森确信，这种手法不仅仅用于词语方面，还用于各种各样的历史观念、统治结构，甚至用于成为满洲根

基的宗教方面。这一点从孟森的主要著作《明清史论著集刊》
的各种考证文章可以得知。孟森将这个模式用于堂子祭是很自
然的。孟森对清朝的堂子祭产生怀疑，针对《啸亭杂录》卷八
"堂子祭"条中如下的一段话。

> 东南建上神殿，南向，相传为祀明将邓子龙位。盖子
> 龙与太祖有旧谊，故附祀之。（上神殿见图四尚锡神亭）

礼亲王是拥有亲王称号的皇族，并精通清朝典章制度，这
段话说明堂子祭是祭祀邓子龙的邓将军庙。孟森在《明清史论
著集刊》中的《清代堂子所祀邓将军考》一文中认为这是毫无
根据的说法。孟森根据《全辽志·宦业门·邓佐传》[1]推断，
认为在上神殿祭祀的并不是邓子龙，而是邓佐。这个结论是否
正确还有分歧。可以认为，孟森得出邓佐的结论，是因为套用
了前面的模式。

> 按邓佐死事甚烈，以今考之，当即清一代所神秘敬祀
> 之邓将军，所谓堂子者也。疑"堂子"二字，即邓佐之转
> 音。（《满洲开国史》第三讲"建州"，孟森著，上海古籍
> 出版社1992年版）

堂子是邓佐的转音这一推定并不能成立（后述），清朝的
虚假、附会之离谱已经超出了孟森的想象。而且，礼亲王对此

---

[1] 译者注：《全辽志》，明李辅编，金毓黻校订，收入《辽海丛书》第二集，
辽海书社。

虚假与附会负有责任。不过，这不是孟森所说的出于政治意图的附会。笔者认为，这种附会是产生于历史中的无意识，即无意识的确信。这种无意识的确信就是：有关堂子祭的各种概念、名称应在文字书写的历史中找到依据。礼亲王推断说堂子祭就是明堂，在孟森看来是无稽之谈。不过，礼亲王通过这个自信可以让他获得某种安慰感。这种无意识发展到附会礼亲王非常熟悉满洲神由来的地步。《啸亭续录》卷四中有"完立妈妈"条。该条有如下记述：

> 完立妈妈国俗，祀神日，于案下设小桌，供以糕醑，名曰完立妈妈。初不知为何神，近闻宗人沣淦、司成奕溥言，即为明孝定庄皇后。盖二祖被祸时，李后尝为惋惜，饬谕李成梁之枉滥，故高庙（努尔哈赤）感其德，附祀于明堂云。完立者，万历之转音也。沣淦学问博洽，又为近支宗室，其言必有所本。

完立妈妈或万历妈妈指的是出现在《钦定满洲祭神祭天典礼》卷四中的"佛里佛朵鄂谟锡妈妈"。在清代的北京，万历妈妈是亲切的说法。佛朵是柳枝的意思，佛里佛朵是指幸福的柳枝。鄂谟锡是多子孙的意思。"佛里佛朵鄂谟锡妈妈"就是给子孙带来繁荣的幸福的柳枝。在满洲，自古以来就有生殖信仰，柳是女性性器官的象征。那么为何要称为完立妈妈或万历妈妈呢？佛里佛朵鄂谟锡妈妈当然作为神偶像来祭祀。完立或万历是表示木制神偶像的满洲语的汉字音译，跟明朝万历没有任何关系。

堂子是淫祠这种传说，在无法窥视神秘面纱的汉人之间传播是不争的事实。辽阳城中一古刹，巍焕壮丽，守卫严肃，百姓瞻礼者，俱于门外焚香叩头而去。有范生者游其地，欲入不可得，请一显者，乃入。见内塑巨人二，长各数丈，一男子向北立，一女南而抱其颈，赤体交接，备极猥亵状。土人呼为公佛、母佛，崇奉甚谨。（清董含《三岗识略》）此古刹就是满洲都于辽阳时建的堂子公佛和母佛。笔者认为，公佛和母佛的佛并不是佛陀的佛，而是佛朵的佛。作为受满洲贵族教育的礼亲王完全不知道佛里佛朵鄂谟锡妈妈的由来是不太可能的。而且，对于认为堂子祭是或可能是明堂的礼亲王来说，堂子祭来自女性器官的象征——柳枝是难以想象的。这里出现了万历妈妈即万历母后的说法。礼亲王将此说法写进自己的书里，由此得到安慰。

以堂子祭为根基的满洲祭礼体系非常微妙，它必须蒙上神秘的面纱。堂子祭在《清朝文献通考·郊社考》里，如"典至重"记述那样，是构筑清朝根基的祭礼。因此，进入堂子祭的人应有满洲贵族身份的限制。身份越是受到限制，堂子祭的神秘感就更浓厚，各种附会和推测就更加泛滥。清朝灭亡后，堂子祭是不是明堂，堂子祭与萨满教是什么样的关系，堂子祭是附会吗，尽管人们提出各种各样的疑问，它还是消失在历史的迷雾中。

二

《钦定满洲祭神祭天典礼》[1]于乾隆十二年（1747）完成，

---

[1] 译者注：《钦定满洲祭神祭天典礼》，清和硕端清王允禄等奉敕撰，满文撰写，汉译本收入《辽海丛书》第九集。

是满洲典礼的集大成。满洲典礼是以清朝皇帝爱新觉罗氏的典礼为根基的。那么，为什么它在乾隆十二年这一时期才完成编辑呢？如站在孟森的立场看，这是"秘幻"操作的一环。不可否认这是其中的一个原因。从乾隆皇帝的角度看，此钦定典礼编辑完成有如下的一些原因。满洲典礼中的祭神、祭天虽因姓氏不同而有所不同，但大同小异。例如，爱新觉罗氏的祭神从宫中到王公家都是以祝辞为核心的。还在满洲发祥地时，主持祝辞仪式的人，从小熟悉和亲近国语（满洲语）。不过，自从定都北京后，如果主持祝辞仪式的人不学习国语，就无法传授典礼，赞祝的原字、原音还会发生混乱。这样，从大内（皇帝）到分立出来的各王家所传承下来的祝辞就会出现差异。而且，大内的祭神、祭天的赞辞、祝辞的原字、原音也会出现差异。如果那时不进行适当的更正并载入文书的话，那么，随着时间的推移，讹漏就会更加严重（乾隆十二年七月初九日的上谕）。因此，作为文书形式的《钦定满洲祭神祭天典礼》发生了很大的变化。因为这些典礼包括萨满教的雏形、满洲各姓氏的萨满教、爱新觉罗氏的萨满教、爱新觉罗化的满洲典礼、以此为根基的满洲国家的典礼以及作为中国统一王朝的清朝皇室的典礼随着时间的推移而不断重叠化，并随着满洲地盘的扩大也会吸纳外来的宗教。这样，时间和空间的复杂因素都会影响典礼的形式。例如，堂子的诸神中就包括了满洲的主神、满洲民间的诸神以及佛、菩萨、关帝（关羽）。诸神随着时间的推移、空间的扩大而相互融合，都可以在堂子祭拜它们。

　　堂子祭是满洲典礼的核心，《钦定满洲祭神祭天典礼》对其典礼的由来做了如下的说明。

我满洲国自昔敬天与佛与神，出于至诚，故创基盛京，
即恭建堂子以祀天。又于寝宫正殿恭建神位以祀佛、菩萨、
神及诸祀位。嗣虽建立坛、庙分祀天、佛暨神，而旧俗未
敢或改，与祭祀之礼并行。至我列圣定鼎中原，迁都京师，
祭祀仍遵昔日之制，由来久矣。（《钦定满洲祭神祭天典
礼》卷一《汇记满洲祭祀故事》）

从这个简明的记述中我们不难了解上述满洲典礼错综复杂
的历史过程。为理清这团历史乱麻，需要说明：一、堂子及寝
殿的祭祀和满洲萨满教的关系；二、变化前和变化后的萨满教
与外来宗教的融合过程；三、满洲国家形成过程中典礼"庙堂
化"（富育光、孟慧英《满族萨满教研究》中的词语），即礼亲
王促使明堂中国化的过程；四、堂子确定为中国统一王朝清朝
典礼的过程。这里拟将其中的一部分为主，根据《钦定满洲祭
神祭天典礼》《大清会典》《清史稿》等文献史料，从堂子的最
终形式，即"庙堂化"的堂子进行考察。

"莫问堂子祭何神"——不能问堂子到底祭什么样的神。
在清朝的统治下，让人感到压抑的就是这样的话。因为它触及
了清朝的最高机密亦即清朝的奥秘。《钦定满洲祭神祭天典礼》
的规定非常严密，以防止任何信息泄露出去。

满洲的祭神祭天典礼有两个支柱。它们是堂子祭祀和坤宁
宫祭祀。这两类祭祀在共有诸神这一点上有密切的联系。借用
郑天挺的说法（郑天挺《满洲入关前后几种礼俗之变迁》，收
入《探微集》，中华书局 1980 年版），堂子里有公祭祀和私祭
祀两种祭祀。前者是皇帝亲自主持的元旦拜天、出征凯旋的祭

祀，亦即国家的大典。后者是月祭、杆祭、浴佛祭、马祭等皇室或皇帝个人的祭祀。

下面根据《清史稿》来考察在堂子进行的元旦拜天的祭祀。十二月二十六日，内府官赴坤宁宫请求出席朝祭、夕祭的神位，奉神舆，由内监扛出来安置在堂子里，做各种准备工作以备元旦的祭典之用。皇帝于元旦的昧爽乘神舆，有王公随从，从宫中启程。皇帝在堂子的内门走出神舆，由中门进入堂子，参拜圜殿，进入拜位，率群臣朝南行三跪九拜之礼。祭典结束后皇帝返回宫中。翌日，将神位奉回坤宁宫。其他的祭祀按性质和祭祀神种类的不同，祭礼有繁简之差，但大同小异。堂子的结构如图一所示。在堂子中央北侧，设有供祭祀群神的飨殿

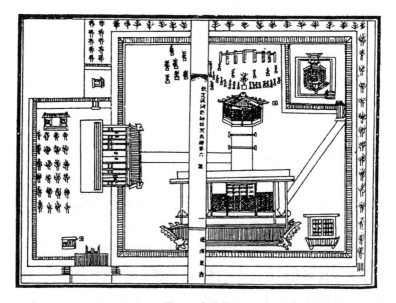

图一　堂子图

（中央下〈北〉　飨殿/中央中　亭式殿/中央上　神杆/右上〈东南〉尚锡神亭）

（礼亲王所说的祭神殿），朝南。在堂子南侧，有拜天的圜殿，朝北。在元旦的堂子拜天的祭典中，虽然将在坤宁宫祭拜的诸神配置在飨殿，但不是祭礼的对象。祭礼的对象是在圜殿祭拜的纽欢台吉、武笃本贝子。在《钦定满洲祭神祭天典礼》卷一的"堂子亭式殿祭祀祝辞"里，记载着如下祝词。亭式殿是礼亲王所说的圆殿亦即圜殿（见图二）。

上天之子，纽欢台吉，武笃本贝子。某年生小子，某年生小子（原注：为某人祭则呼某人本生年），今敬祝者，丰于首而仔于肩，卫于后而护于前。畀以嘉祥兮，齿其儿而发其黄兮，偕老而成双兮，年其增而岁其长兮，根其固而神其康兮。神兮眷我，神兮佑我，永我年而寿我兮。

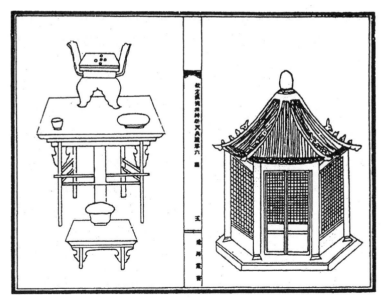

图二　圜殿（亭式殿）

这是祝辞的核心部分。纽欢台吉、武笃本贝子是诸神的主神。不过，"所称纽欢台吉、武笃本贝子者，皆不得其缘起"（同上），其由来不明。这才产生了"历观堂子各祭礼节，及所祭各神祝文中之主名，明堂子决非祭天"的疑义（孟森《清代堂子所祀邓将军考》原载《北京大学国学季刊》第 5 卷第 1 期，1935 年）。这就产生了满洲固有的堂子祭与中国古来的祭天礼相同的附会。这种附会导致上面的疑问。这一点放在后面叙述。

安置在缛殿（见图三）的是坤宁宫的诸神。虽然诸神在适当的祭礼中是可以从坤宁宫移出来祭祀的，但它不是堂子祭天的核心祭祀。诸神通常在坤宁宫祭祀。根据《钦定满洲祭神祭天典礼》，其祭礼中有常祭（日祭）、月祭、大祭、报祭等。这些都分朝祭和夕祭，其中，"以夕祭为主"（莫董寅《清初满族的萨满教》，《满洲史论丛》人民出版社 1958 年版）。朝祭的神是释迦牟尼、观世音菩萨、关帝圣君，夕祭的神是穆哩罕诸神。对穆哩罕诸神祭祀的祝辞如下：

> 自天而降，阿珲年锡之神。与日分精，年锡之神，年锡惟灵。安春阿雅喇、穆哩穆哩哈、纳丹岱珲、纳尔珲轩初、恩都哩僧固、拜满章京、纳丹威瑚哩、恩都蒙鄂乐、喀屯诺廷。某年生小子，某年生小子（原注：为某人祭则呼某人本生年），今敬祝者，丰于首而仔于肩，卫于后而护于前。昇以嘉祥兮，齿其儿而发其黄兮，偕老而成双兮，年其增而岁其长兮，根其固而身其康兮。神兮既我，神兮佑我，永我年而寿我兮。（《钦定满洲祭神祭天典礼》卷一"坤宁宫祭诵神歌祷祝辞·夕祭坐于机上诵神歌祈请辞"）

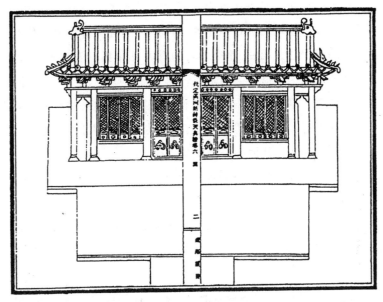

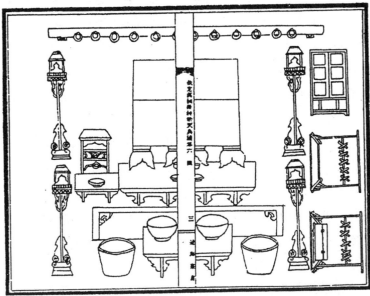

图三　飨殿（上）与它的内部（下）

这个祝辞除了向纽欢台吉、武笃本贝子献上祝辞和祈祷的诸神之名外，其他几乎是一样的。可是，根据《清会典事例》，在夕祭的祝辞里出现的诸神之名的有阿珲年锡、安春阿雅喇、穆哩穆哩哈、纳丹岱珲、纳尔珲轩初、恩都哩僧固、拜满章京、纳丹威瑚哩、恩都蒙鄂乐、喀屯诺延等称号。纳丹岱珲是祭祀七星的神，喀屯诺延是祭祀在先世有功绩的蒙古诸神中的神。我们只知道这些，其他的一概无从考证。

在朝祭里的神是外来的神，而且是年代靠后的神，发现这一点并不难。夕祭的诸神是满洲固有的神，这一点可从夕祭的仪式内容看得出来。由于篇幅的关系不在此赘述。在夕祭中的满洲固有的诸神是一直保存在清朝宫中的萨满教的神秘仪式——跳神。

礼亲王认定堂子就是明堂时，透露出他的迫切心情。这里暂且不深究此事。对此人们自然产生一种疑惑。面对充满神秘感的堂子祭，即使人们要追问到底是什么神，也会触犯"莫问堂子祭何神"的禁忌。所谓堂子是为了祭祀邓将军的（指礼亲王说的上神殿，图四的尚锡神亭）、要么就是淫祠，等等，神秘面纱的背后显得愈发神秘。当层层面纱被揭开后，人们会发现，堂子的本质或者其原形就存在坤宁宫的夕祭中。这是极其自然的推测。可以推断，在坤宁宫的夕祭里保存着跳神（萨满教），在满洲建立的过程中，混入了佛教和道教成分。作为中国的王朝，清朝在其建立的过程中，堂子被赋予了拜天的意义。而创造了使这一推断得以成立的契机的，正是满洲的显贵皇族、熟知清朝典故的第一人礼亲王。这或许是历史对人们开的一个玩笑吧。

那么，堂子在满洲固有的信仰体系萨满教中有什么样的意义呢？

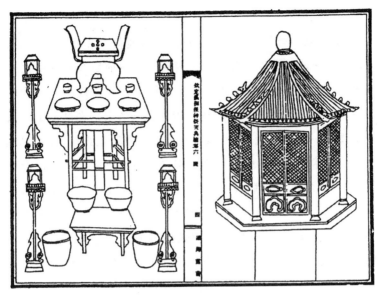

图四　尚锡神亭

三

　　自称满洲的女真族自古以来就行拜天之礼。"本国拜天之礼甚重。今汝等言依古制筑坛，亦宜。"（《金史·礼志》）这是金世宗所说的话，其中本国指金，古制指中国古来的制度。将中国华北纳入其版图的金也把萨满教带到了中原。"珊蛮者，女真语巫妪也。"（徐梦莘《三朝北盟会编》卷三，上海古籍出版社1987年版）这是最初以文字形式记载萨满教的史料。满洲从被称为女真的时代开始就信奉拜天和萨满教。此信仰也见于其他的民族，虽不是满洲固有的，但却是满洲的古俗，这一点毋庸赘述。堂子跟满洲的这个古俗有密切的关系，这一点在上文中已有论述。不过，出现在史料中的堂子则是错综复杂的形态。

郑天挺就堂子一词曾这样写道："天聪修《太祖实录》时，'堂子'一词尚无确当汉译"（《满洲入关前后几种礼俗之变迁》）。近年，傅同钦比较了顺治九年（1652）敕修的《天聪实录稿本》和乾隆四年（1739）校订的《清太宗文皇帝实录》，推测堂子一词出现较晚（傅同钦《清代的祭堂子》，收入明清史国际学术讨论会秘书处论文组编《明清史国际学术讨论会论文集》，天津人民出版社 1982 年版）。在前文中，孟森提出了一个模式：先从汉语（文字）到满洲语（音），再从满洲语到别的汉语（文字）。他根据此模式提出了堂子是对应邓佐字音的假说。孟森的这个模式没有错误。不过，代入此模式的数值则会出错。另外，有些情况并不适用于此模式。

堂子一词在清朝固定下来在乾隆时期。在此之前，主要用"庙"的说法。努尔哈赤在赫图阿拉、皇太极在盛京时，相当于后来的堂子祭的祭礼分别在玉帝庙和城隍庙进行。尤其是盛京的城隍庙在史料中有记载，无篡改的可能性。《沈馆录》中有"鸡鸣，清帝率诸臣有事于东门外城隍庙"的记载。时间为戊寅（崇德三年，公元 1638 年）正月一日。在堂子行拜天礼是事实。因此，金毓黻在《沈馆录序》中断言："沈阳都城隍庙在城内，建于元代，而清初未尝另建新庙，则所谓的城隍庙者即堂子也"。（收入金毓黻编《辽海丛书》，1933—1936 年刊行于沈阳）顺便说一下，《沈馆录》是朝鲜王子在盛京滞留时的日记，它记载了自崇德二年（1637）至顺治元年（1644）七年多的事迹。

那么，堂子一词跟乾隆帝的"发明"有关吗？汉文史料看到的"谒玉帝庙"一段中的玉帝庙在满文中都是"tangse"（郑天挺《满洲人关前后几种礼俗之变迁》）。因此，汉文史料看到的庙就是满文中的堂子（tangse）。从汉语到满语，再从满语到另外标记的汉语这一模式在这种场合是否适用呢？从满语的 tangse 到汉语的堂子是完全可以置换的。但是，孟森将邓佐转成 tangse 的观点跳跃太大了。这个谜直到近年才被解开。

> "堂子"一词，按满族众多姓氏所珍藏的谱册及萨满神谕中可以证实，系满语词汇，早在女真时期就通用了。系满语"Dangse"（档涩）演变而来。"档涩"译汉意为档子、档案。往昔凡满族各姓主持者总穆昆处专设有"恩都力包"（神堂）或"档涩包"（档子堂），作为恭放阖族谱牒及本氏族众神祇神位、神谕、神器、祖神影像之所。所谓"神堂"，并不一定早期都是神祇楼舍。这与北方民族先民长期以游猎移居有关。神随人迁，宿营即设神位，便于携带。祖先神偶、影像或神册、神器等多放入桦皮匣、木匣、柳编匣、骨质匣、石或泥罐中，后来多放在长方形上抽盖的木匣内，俗称"神匣"。（富育光《萨满教与神话》，辽宁大学出版社 1990 年版）

在过着游牧生活的年代，这个神匣安置在东面，因为东方是太阳升起的方位。不过，当他们过着定居的生活时，神匣就放在房屋西侧的炕上的墙壁那里。因为西侧的房间比较温暖，成了老人的房间，并由老人携带神舆。这样，神舆就放在房屋固定的地方。这个地方就是堂子。以后部族的堂子固定了下来。到明代中期，女真各部族将祭祀祖先神、守护神的圣地选在定居地霍通城内。这个地方就叫做"堂涩"或"堂舍""挡色"，也

就是堂子。堂子建在部族城塞东南的方向，并竖起神杆（《满洲
萨满教研究》，富育光、孟慧英著，北京大学出版社 1991 年版）。

满洲建立政权后被追封为皇帝的努尔哈赤制定了拜谒"堂
子"的礼仪。

> 凡每岁元旦及月朔、国有大事，则为祈为报，皆恭诣
> 堂子行礼。大出入必告，出征凯旋则列纛而告，典至重也。
> （《清文献通考·郊社考》）

堂子成了国家的大典。当满洲在中国东北部时，作为国家
大典的堂子先后设在首都所在地的赫图阿喇、辽阳、沈阳。堂
子设在北京就是这种做法的延续。对汉人来说这些披着神秘面
纱的地方是极其自然的。

tangse 或 Dangse 作为"堂子"出现在史料以前，它依然遵
循孟森提出的模式——从汉语到满语，再从满语到另外的汉语，
也就是从档子到 tangse，再从 tangse 或 Dangse 到堂子。尽管这
种可能性不能排除，但它给我们带来了许多的启示。前文已经
提到满洲的原义是指女真，女真犹如表示肃慎（或息慎）那样，
是汉语音异的差异。如《左传》里的"肃慎、燕、毫，吾北土
也"那样，女真是中国古老的民族。据徐中舒的研究，肃慎起源
于豕韦（《先秦史论稿》，巴蜀书社 1992 年版）。因此，tangse
将中国的深厚文化一直传到数千年之后。我们不妨讨论这种可能
性。我们可以像葛兰言用歌谣来解读《诗经》那样，用 tangse 来
探讨被后人认为淫祠的中国古代宗教。例如，白川静[1]在解

---

[1] 译者注：白川静（1910—2006），日本著名汉学家。

释汉字"曰"时，作了如下的分析。

> "凵"是想要稍打开收藏告知神灵祝词书的器具的盖看里边的祝祷书的样子。曰原本是告知神托、神意的意思。……从曰。从整体看，它是保存祝祷、盟誓文书（很早以前叫做载书）的器具。（白川静《字统》）

这里言及的"凵"不正是神匣—tangse吗？像满洲的萨满教那样，中国古代是信仰多神教的。天或帝、祖先神都是放在一起供奉的。跟中国古代一样，在满洲萨满教里天神和祖先神是一起供奉的。在《钦定祭神祭天典礼》中，"纽欢台吉"就是"不得其缘起"的诸神中的主神，相当于天神和祖先神。

> 作为满族萨满教祭祖一种演变形式的清宫堂祭，包括了女真先世往昔所共祀的宇宙神祇。如，堂子祭祀神祇除了爱新觉罗本姓远祖神祇外，还有纽欢台吉、武笃本贝子等神祇。这些神祇名，我们在满族许多姓氏神本中可以互见。说明他们都是女真诸部相当古老的宇宙大神和远祖神。按照满族土语解析，"纽欢"（Niohou）为豆绿色、青色。在满族一些萨满神谕中称"纽欢阿布卡"，即青天、苍天之意。"纽欢台吉"在黑龙江省东京城厉姓萨满神谕中称"牛欢安吉"，萨满释为"苍天神"。笔者认为，"纽欢台吉"，实谓天穹、天神之意。又如，"武笃本贝子色"在不少满族神谕中写成"乌朱贝子""五督贝色"等等，译成汉意即最早、最先、最起根的远祖之意。（富育光《萨满

教与神话》)

那么，在夕祭的祝辞中出现的穆哩罕是什么样的神呢？它是狩猎之神（穆哩穆哩哈、马王神之意），或者是掌管星座的神（属于恩都哩僧固、白鸟座，是家的保护神等）。在满洲萨满教里，祭祀分家祭和野祭。这些神是家祭的神，在各家、各姓氏祭祀。这与满洲的民间祭祀的诸神的名称大体一致（富育光、孟慧英《满洲萨满教研究》）。在后来成为清朝皇室的爱新觉罗氏也祭祀这些神。在满洲建国的过程中，这些神就在宫中祭祀了。在沈阳时在清宁宫，在北京时在坤宁宫进行祭祀。因为那里是皇后的"正寝"。清朝的堂子祭是以某种萨满教为基础的，在"国家"建设的过程中不断"庙堂化"，直至清朝作为统治中国的王朝时，就成了王朝的"至典"。为了进一步理解这一过程，下面依据《奉天通志》等中国东北地方志考察一下满洲的萨满教（主要参照《中国地方志民俗资料汇编·东北卷》）。

满洲萨满教的祭祀分家祭（家神祭）和野祭（野神祭），其后，野祭成了萨满教的远古积淀层，通常与家祭并存。其仪式、祝辞等仍有可能与中国文化的远古积淀层有关联，虽然比较有意思，但它与堂子祭的联系不密切，此不赘言。与堂子祭关系密切的是萨满教的家祭。家祭里又分常祭和其他祭祀。常祭以春祭与秋祭为代表，其中春祭以春天狩猎为基础，在以狩猎为主要生计来源的女真时代比较盛行，但到了以农耕为主的满洲时代就消失了。

满洲时代的常祭以巴音波罗里（秋祭）为主，是收获时的祭祀，长达三天。常祭还分打糕祭祀、背灯祭祀、祭天、换索等好几个阶段进行。首先，将收藏祭器和牌位的祖宗匣迎入祭主之家安置在祭坛。然后在早晨举行打糕祭祀。祖宗的匣由穆昆（姓氏首长）和祈祷师打开，供奉糕点后，举行各种仪式。另外，在这一天内将牺牲（猪）献给诸神。当天晚上的子夜举行的祭祀是背灯祭祀，是在背灯（在黑暗中）进行的飨食祭猪的仪式，随后举行院祭。院祭是祭祀神杆（也被称为祭天祭）的仪式，是家祭最主要的部分。首先从圣山上砍下的木材整理为圆形的木棒，将锡斗（锡制的受皿）立在中庭，此杆叫做索罗杆（solon）（见图五）。然后，在锡斗里放入牺牲的肉片尤其是内脏和生殖器，供奉天。《柳边纪略》（收入《辽海丛书》）中有"祭时着肉斗中，必有鸦来啄食之，谓为神享"的记载。在满洲的萨满教里，鸟或鹊是天神的使者。通过这样的祭天活动祈祷五谷丰饶和六畜繁衍。院祭除祭天外，还有换索。如前所述，在满洲，在房子的西侧设神龛。神匣就放在神龛里，

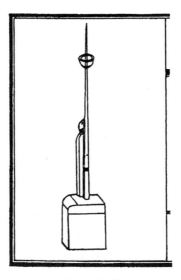

图五　神杆

神龛里挂着被称为锁线的彩绳，从彩绳中取出一根线，挂在柳木（佛里佛朵鄂谟锡妈妈）上，然后再将锁线缝的布披挂在男子和女子的头上，祈祷男子的武功长进和女子的身体健康。在这一连串的仪式中当然少不了咏唱萨满教的祝辞。

萨满教（本身包含诸神）的家祭以秋祭为主，是堂子祭的基本情况。满洲建立政权时的家祭是否符合上述描述的情况不得而知。大概在《钦定满洲祭神祭天典礼》制定后，各氏族都会按其规定举行，会出现一些细微的差别。不过，《钦定满洲祭神祭天典礼》是作为爱新觉罗氏家祭的基本规范而制定的，这一点是毫无疑问的。

除了例行的正式祭祀以外，还有其他各种各样的仪式。当部族里发生大事时，举行烧官祭，不幸或不吉祥的预兆出现时举行许愿祭。另外，在举行宗谱的修编、祖先的祭祀时也要举行庄重的仪式。这些仪式也都属于堂子祭。

四

清朝的堂子祭在各氏族萨满教的家祭中，以爱新觉罗氏的家祭为基础，这是左右堂子祭命运的决定性因素。在满洲的萨满教祭祀里，祷告师和穆昆（氏族长）是核心人物，该氏族成员全体参加，体现了血缘团体的封闭性和对其他氏族的排他性。这种封闭的排他性体系在女真统一满洲的过程中是一个很大的障碍。明朝统治下的女真分为建州、海西、野人三个分支。这三个女真分支都保持各自的氏族排他性的萨满教体系。努尔哈赤为实现满洲统一，所面临的最大障碍就是女真各氏族萨满教。穆昆以及在其之上的部落酋长通过组织作为满洲军事、社会、行政单位的八旗，才得以克服这个障碍，但是，祷告师必须废除。事实上，努尔哈赤在统一满洲的过程中，下狠手杀害了各氏族的祷告师，接着，他制定了规则，以爱新觉罗的家祭为核心的祀堂子祭作为满洲政权的萨满教。萨满教对满洲政权十分重要，否则，满洲政权就不可能存续下去。努尔哈赤为了达到此目的，必须扼杀萨满教最重要的东西——各氏族的萨满教的多样性。各氏族的堂子祭被禁止后，满洲的堂子祭只能走向"秘幻"化的道路。《钦定满洲祭神祭天典礼》就是这个过程的结果。

在满洲统一过程中，爱新觉罗氏的萨满教的确发挥了巨大的作用。但是，当清朝统治中国时，也就是当堂子在北京建立时，堂子祭的封闭性和排他性就走向了极端，最终只能用神秘的面纱来遮蔽，因此被汉人视为淫祠是极为自然的。礼亲王明确指出，堂子祭是明堂。具有讽刺意味的是，礼亲王的这句话在某种意义上道出了事实的真相，因为他很可能说出了中国礼仪的真谛。不过，礼亲王的这句话也启发人们从许多方面看清了清朝的特征。

把堂子祭称为清朝的神经中枢是比较恰当的。堂子起源于萨满教，在发展成为清朝核心祭典的过程中，不断加强其封闭性，越来越无法发挥其神经中枢的作用。在这样的王朝统治下，中国遭遇了近代体系的困境，应该说是历史的不幸。

（原载《学习院大学文学部研究年报》
第 40 期，1994 年 3 月 20 日）

齐周华与他所在的时代

——《大义觉迷录》探微之一

一

齐周华（康熙三十七年至乾隆三十二年，公元 1698—1768 年 1 月 20 日）在晚年写了一篇《独孤跛仙传赞》，文章描绘了他非常凄凉的心灵境况。

> 独孤跛仙者，名损，字又损，号跛仙，又号忍辱居士。

这是文章开头的第一句话。然后文章引用了鲁仙友的话说作为结语：

> 今灾害并至，身孤势孤，损之又损，实不若悖道灭伦、邪党害正者，反得饱食暖衣，坐享妻孥之乐。抑亦天之生尔使独也！呜呼，跛仙，其如命何！

我们根据这篇《独孤跛仙传赞》和《传赞》开头出现的齐周华的文集《名山藏副本》（上海古籍出版社 1987 年版）来了

解这位独孤跛仙齐周华的人生之路。

> 跛仙好读书作字，好游山水，好谈忠义事，兼好神仙浮屠，世之所谓畸人也。

因为是畸人，"则不孤自孤矣"。畸人的畸，《说文解字》云"残田也"，是因规划整理而被废弃的田，也就是零数、多余的意思。跛仙有知己含玄子、逃禅子、华阳子，都是文章道义之士，为莫逆之友。但他们均已不在人间。现在只剩下一位叫做懵懂道士的不食人间烟火的友人。在这里所说的含玄子、逃禅子、华阳子以及懵懂道士，其实就是齐周华本人。他的家人情况如何呢？

> 跛仙一妻一子，家口两人，却始终为两口所累。跛仙曰："吾可以无家矣。"遂弃之而去。

在此《传赞》里附了一些野史氏写的类似跋的文字。野史氏，名鲁至道，字善变，号仙友，齐即墨人，其实就是齐周华本人。

> 始为两口，身居缧绁，两口者字也。终为两口，祸起萧墙，两口者人也。

缧绁是捆绑罪犯的绳子，说的是狱中的情况。这是因"字"而引起的祸。他三十四岁时，写了《救吕晚村先生悖逆凶悍疏》，引发笔祸而入狱，此事留待后叙。两口之一是

"字"，指的是他的文章。萧墙是指身边的事，祸发生在身边，说的是齐周华受到了他家族的迫害，"人"指他的家人。不过，晚年他的家庭发生了翻天覆地的变化，实际上是他的偏执性格使然。有关因"两口"引发的灾祸，齐周华多次谈及，如：

> 予曩以狂愚，抱薪救火，以致自焚。今也遍游五岳而归，旋遭家变，抱疾居山，奄奄待毙，爰号"忍辱居士"。（《临海百步梁氏谱序》）

这里说的"自焚"，指的是因笔祸而入狱，晚年又遭遇"家变"。但在此之前"遍游五岳"。游遍五岳使齐周华最终成为十足的"畸人"。看一看他的足迹。

据齐周华本人所述，他于丙辰之年，时三十九岁出狱。

> 予自丙辰（乾隆元年，公历 1736 年）后，南遯于普陀，东遯于雁宕，西遯于湖。在粤遯于桂林，在黔遯于波云、飞云，在吴遯于金山、茅山，在楚遯于衡岳、武当，在豫遯于嵩。去年过秦，遯于太白、终南。今虽息游华岳，未知明年又遯何处。（《遯溪山房记》）

这期间，齐周华做了什么呢？《传赞》有如下记载：

> 十余年间，遨游九州五岳、名山巨川，以及先贤遗迹，靡不历览凭吊。更探禹穴，访九嶷，吟梁父，招龙威，披金简，嗽玉芝，直入洞天之内，舒啸耀景之墟。

这几乎是道士所为。齐周华留下了许多的"游记"。从这里我们看到了宛如道士的行踪，对此不再赘言。

齐周华大概在"遨游"的最后十年才到了湖北的武当山。长子式昕将母亲的信带到那里。这是因为"两先尊人枢尚未葬"。因此，"遂不觉如磁引铁，不日将行矣。"（赵元荣《送谪仙华阳子先生还天台序》）于是，他回到了故乡台州，这是屈从世俗的选择，齐周华时年五十九岁。他自认为是木星，"独木必遭斧斤，然后可以为梁、栋、槛、柱、舟、车、几、席之材。"（《遂初墓志铭》）可是，回乡后，等待他的却是"家变"。归乡之前，大概在武当山，禄存真人曾对他说"怫然怒"的话。

> 尔畴昔曾为两口，身受极刑，临难不苟，人皆义尔，名高山斗。然名高损福，福消祸来。尔有骨肉，实惟祸胎，亦止两口，尔其危哉！（《传赞》）

在这里，因为涉及归乡后发生的灾祸，而这种预感是除了齐周华本人以外的他人无法知晓的。因此，这位禄存真人应是齐周华本人。禄存真人能预测到来自亲骨肉的祸端，或者就是他本人的预测。齐周华一路上"悄然恐之，怃然哀之"，回到了故乡天台，因腿骨折，号称"跛仙"。

回到故乡的齐周华似乎遭遇了他所预料的事，将自己人生轨迹与心路历程用文字写下来留给了后世。他在《传赞》里说道：

> 跛仙曰："吾闻为道日损，损之又损，以至于无。予

今空空，与道为徒。惟此诗文，心血所集，不忍飘零。将藏名山，锢以金石，恐三年后或化而为碧也。副本先雕，于世是质。谁不有目，能不为之唏嘘而太息乎？"

以诗文留世的文字能使有血肉的人抽泣、叹息。他不断为诗文的出版到处奔走。

齐家是天台的名门望族。齐周华从武当山回到天台时，据说家有妻朱氏，姜丁氏，子式昕和式文，"家境颇优裕"。但是，"解网（出狱）后，巨山（齐周华之号）不问家产，即逍遥山水间"（吕安世《赠天台齐巨山先生序》）。而且，奇行不绝的齐周华为了出版诗文，"欲变家产以刻集"。当他说要为诗文集的出版筹措资金而变卖家产时，遭到家人的一致反对，老妻朱氏的反对尤为强烈。家人不仅仅是出于爱惜家产，他们也担心齐周华会因此再次遭受文字狱，他们担心出版了诗文集，会给他的家人带来无法预知的厄运。事实上，在他的时代，因文字狱而遭遇灭族的事件并非罕见。

齐周华并未因此气馁。"斯文未丧，庶几无忝所生"（齐其匡《从祖巨山公行略》）。对他来说，诗文集的出版是比生命更重要的事。齐周华的异常行为已经超出了"畸人"的范围。有关此期间的事情缺少资料，而且现存的资料都没有超出自我辩解的范围，可信度不高。证明其行为的异常须有充足的理由，根据清朝的官方文献即档案看，是很难看出齐周华行为异常的。族长齐长庚曾向县衙门呈报齐周华回乡后，"忽而逐妻，忽而呈子，忽而告戚。种种横行不遵训饬，曾摈出族"的情况（故宫博物院文献馆编《清代文字狱案档案》第二辑《齐周华著书悖逆及审拟情形折》）。"出族"，指的是被逐出家族，而其住

在离台州县城二十里地的寄生草堂，从时间上看，不能确定是
此时还是以后。齐周华在门前有一副对联：

> 恶劫难逃，早知不得其死；
> 斯文未丧，庶几无忝所生。
>
> （齐其匡《从祖巨山公行略》）

齐周华对其家族的举动进行反击。他四处对人讲七旬老妻
奇淫无度，两个儿子殴打父亲（据清律，国家不允许这种行
为，可以以私刑处死），并且全族都庇护此"淫妻逆子"的事。

在中国，对于族人的丑闻，有"家丑不外传"的不成文习
惯，但对齐周华的情况则可另当别论。据友人丁治化的说法，
是"今忽遭奇变，遂致不理于口"（《临海百步梁氏谱序》跋）。
这种情况下，友人不出声，事不关己是出于礼貌。因此，丁治
化也说"予也因其祸起萧墙，碍难置喙，无从解救"。

那么，齐周华的诗文出版是如何实现的？出版费用是如何
筹措的？我们没有发现这方面的资料。根据丁治化的说法，
"而梁氏诸君信其（齐周华）素行，不恤犬吠枭鸣，特来请序，
真可谓有古道者"这种奇特的人。也许有了这样的友人帮助，
才筹措到了资金，使齐周华的诗文集如愿得以出版，这样我
们才能看到这本文集《名山藏副本》。他在其自序中写道：
"乾隆二十六年次辛巳仲春清明日，天台忍辱居士齐周华巨山
甫自叙于寄生草堂，时年六十有四。"并把被族人用石头追赶
至寄生草堂时写的《独孤跛仙传赞》放在卷首。此《传赞》是
文集以及齐周华的一生的缩写。而且，在文末写道："今灾害
并至……抑天之生尔使独也？呜呼，跛仙，其如命何！"这是

天给我的宿命——一生"独"行的意志，这一命运贯穿他的一生，以极其异样的方式表现出来。

天台的齐家中，人们最容易想起的人是齐召南。他是清朝屈指可数的学者，以舆地之学（地理学）而知名，官至内阁学士、礼部侍郎，晚年主持与黄宗羲有密切关系的蕺山书院。他是齐周华的从弟。齐周华年轻时与齐召南齐名，有"天台二齐"之誉。他们两人都是齐家一族寄予厚望的人物。齐周华因笔祸入狱，出狱后自称"畸人"游历各地。齐召南在齐周华出狱后的第二年被推荐应博学鸿词科，在官场和学界达到顶峰状态。齐召南在官场站稳脚跟时，甚至还不知道齐周华情况。直到晚年，他们才在故乡的天台见面。可是，这是一个很不幸的会面。齐其匡在他的《从祖巨山公行略》中留下如下文字：

> 乾隆三十一年，宗伯（指齐召南）掌教敷文，假满归里。公（齐周华）适应母命还台（州），为谗者所中，移书让宗伯以"身肩名教，手荷纲常，不能为真西山之抗节稜稜，徒为扬子云之附声喏喏"，语多切直不讳。浙（江）（巡）抚熊学鹏，时方孕恨宗伯，遽绎其书上之，而前案复发。

这些记载非常含糊。首先，"适……还台"是"早已还台"，"为谗者所中"是两人的偏执因误解而生。这是出于对子孙有所顾虑而加以掩饰，实际上两人生活在难以和解的完全不同的世界里。不清楚熊学鹏是如何取得齐周华的信的。不管何种背景，熊学鹏为陷害齐召南而将此信送到皇帝手中，熊学鹏心里怀有"前案复发"的意图。皇帝的矛头不是指向齐召南，而是指向齐周华。顺便说一句，此信已遗失，无法看到全文。

乾隆三十二年，齐周华迎来古稀之年。是岁十月二十四日，熊学鹏到访天台县盘查仓库。齐周华不可能没有听到"前案复发"的消息，因为已经过了至少十个月的时间，而且，在中国，这一类消息的传播速度是极快的。不过，齐周华不应贸然让熊学鹏为他的诗文集作序。而且，他上交了"前案"中《救吕晚村先生悖逆凶悍疏》的原稿《为吕留良事独抒己见奏稿》，告发妻子奸淫、儿子在齐轩南的教唆下殴打自己的《呈状》，告发齐轩南迫害、齐召南欺诈的《摘发隐奸封事》等文章。这里省略了官员搜查的具体过程。这样的做法，等于他亲自要求与亲族一道赴死。熊学鹏看到这些文件，发现了许多"悖逆谬妄"。齐周华曾因"悖逆"救吕晚村而入狱，现在又以这种"悖逆"为由被问罪，这样看来，死罪是难免的了。

熊学鹏立刻开始搜查，搜查之手伸到了县城的齐氏家族以及齐周华的寄生草堂，这样，齐周华一族的有关人员全部被拘禁在杭州。齐召南也被问询，他的供述如下：

> 从前曾见过他《天台游记》一篇、时文数篇，他要刊刻，我因他文理不通，阻他不刻，他便恨我。至他平日为人，乖张狂诞，罔顾伦纪，随手假言，无风生影，是以久不与之往来。至他告我的话，俱系凭空捏造。（《清代文字狱档案》第二辑《齐周华著书悖逆及审拟情形折》）

这种档案里记录的供辞的可靠性并不高。不过，从这些文字里让人领略到作为爬上社会上层的人对"畸人"——被社会疏远的人的那副冷漠眼光。熊学鹏与浙闽总督苏昌联名向皇帝上奏，在《齐周华著书悖逆及审拟情形折》里面列举了齐周华相当于大逆的罪状。大逆是什么样的罪呢？

> 凡犯大逆，但同谋者，不问首从，皆凌迟处死。正犯之祖父、父、子、孙、兄弟及伯叔兄弟之子男，不限籍之同异，年十六以上皆斩，其十五以下及正犯之母、女、妻妾、姊妹、子之妻妾，给付功臣之家为奴。正犯财产入官。

（乾隆三十二年）十二月四日，皇帝决定召唤齐召南，十二月七日，做了一些减刑，但还是判了大逆罪。齐周华被处以凌迟极刑。

齐召南生于乾隆盛世，顺着盛世之运爬到了社会的上层，却招来了弥天大祸。他虽然捡了一条命，但家产被没收，回乡后郁闷而死。

齐周华在年轻时因为笔祸而被迫走上"独"的道路，他将此作为"命"——宿命来接受。到了晚年，他把这个"独"当作"命"——使命付诸实践。等待他的是死亡，而且还牵连了宗族，这是多么惨烈的"命"。

二

齐周华的友人认为他之所以走上"独"这条惨烈之路，是因为他"特以狂直取罪"（陈溥《诸公赠言集序》）的离奇古怪的性格。齐周华本人对自己的看法是"我性刚才拙，与物（人情世故）为忤，又不耐烦剧。高视阔步之概，徒足取咎"

(《狱中寄胞弟价人茞棠书》)。实际上，导致齐周华追求"独"的笔祸事件，与他的离奇古怪的性格是分不开的，这些罪祸是他自己招来的。

笔祸事件始于后述的曾静、吕留良案。曾静以"吕留良之议"弹劾在位的雍正皇帝，企图通过地方大员拨乱反正。曾静追究当政者雍正皇帝的责任、道德性、正统性，是纯属杜撰的告发。曾静作证，此叛乱事件的想法来自吕留良的著作。雍正凭其敏锐的感觉将事件的祸首锁定在吕留良身上，释放了曾静。臣下很快就知道皇帝的意图，他们为了讨好皇帝，于是提出了立刻处罚吕留良的建议，处罚的方案是挖吕留良的坟墓，对其后裔处以死罪、流放罪。皇帝以书于御座上方的"正大光明"处之，并且命令全国上下的士人对此事上奏，"独抒己见"。齐周华就因这个"独抒己见"与此事件扯上了关系。雍正九年，齐周华根据皇帝的旨意写了《救吕晚村先生悖逆凶悍疏》。

此疏是站在非常正统的立场写的。齐周华虽然响应雍正皇帝"独抒己见"的号召，但未展开"己见"，他认为雍正皇帝应秉公处理此事。

> 惟圣王不以一己之好恶为好恶，而公论必以天下之是非为是非。(《救吕晚村先生悖逆凶悍疏》)

他提出了这个人们无法否定的命题。他说，吕留良是"圣祖（康熙帝）之所赦宥者"，历任浙江省（吕留良的故乡）官员，也一直表彰他，"以敦崇儒重道之风"，然而，公论如何，实际上并不清楚。"吕书"主要指的是吕留良的日记，里边有有关"华夷之辨"的议论。如果说这构成犯罪的话，是应当问罪的。然而，犯罪是由曾静引起的，实为曾静"误读吕书所致"，与"刺人而杀之曰，非我也，兵（武器）也"的情形并无二致。他还提出质疑：将曾静无罪释放是赦免杀人者，而处罚武器的依据在哪里？他认为处罚吕留良是没有任何依据的。的确，吕留良的子孙本应当"毁板焚书以灭其迹"，但以此为理由来处罚吕留良的子孙实属荒谬。他认为让吕留良的子孙"改过自新"——写自我批评的认罪书，就可以结案了。而且，皇帝在上谕中说："吕留良曾承蒙皇考（康熙帝）赦宥之旨，朕自遵旨曲宥其辜"，并无任何要处罚吕留良及其子孙的意思。以上是齐周华此疏的主要内容。

齐周华在此疏中展开的推论，是以谁也无法否定的"国家"逻辑为根据的。然而，"社会"的规则却耸立于他面前，没有人愿意接收他的奏疏。齐周华按程序先把奏疏带到天台训导王元州那里，但被拒收。其次，他冒越级上诉的危险来到了杭州，然而"浙中诸当道"——浙江各级官员"虑贾祸，不以之上闻"（陈溥《诸公赠言集》）。他们害怕招来什么灾祸呢？其他资料里有这样的记载：

> 当事以吕（留良）系浙人，今保奏者又浙人，恐干圣怒，波及有司，遂群抑而不致奏。（佚名《风波集序》）

但齐周华并未就此罢休。

> 罪轻罪重，责在言者一人而已。况原旨云"不许阻挠隐匿"，是朝廷明明求言若渴，又何忍壅于上闻也。（佚名《风波集序》）

可以说，这是完全符合"国家逻辑"的，可是，他的奏疏仍被拒收。

齐周华可以说是皇帝的"好学生"、模范生。他难以接受当朝的官僚们竟然昏庸到无法明察此事的程度。然而，或者说正因为如此，他们一齐拒绝了齐周华的要求。这就是本文要讨论的"微"。

"微"通常有两种用法。第一，是因资料的缺失，其中大多是因统治者故意销毁资料而出现的历史事实的空缺。这种情况下的"探微"，是指填补历史事实空白的工作。第二，当思想家不能直接将其思想表达于文字时，思想家本来的真实思想被称为微。这种情况下，探微就意味着复原或重构其"真实思想"或隐藏的意图。本文所说的"微"不同于上述两种情况，笔者着重考察史料中人物行为背后的（甚至连行为主体也未意识到的）行为方式和思维模式。因此，本文的"微"，是指作用于各个历史事件背后的某种看不见的力——犹如使撒在纸上的砂铁显示纹路的磁力或磁场。这个"微"也是指中国传统社会中政治的"特征"。本文中的"探微"跟其他"探微"一样，有许多充满不确定因素，必须做出某种假设。

官僚们到底为何极力拒收齐周华这份"中规中矩"的奏疏？因为他们要揣摩皇帝的意图。在中国传统社会，士人熟悉统治原理或国家建构的原则，但这还不能成为他们的行为原则，必须揣摩清楚统治者不时发出的诏令背后的真实意图之后，才能付诸行动。他们必须吃透文字背后的东西，这是一种社会智慧或者说是一种世故。对于熟悉这些潜规则的官僚来说，齐周华的奏疏的确让人不知所措。

在中国，要改变皇帝的政策，一般都以施恩的方式出现。

这是让官员把自己放在"小人"的位置，把皇帝放在"大人"的位置，请求"大人"的宽大恩典。这时，无论发生什么情况，官员都不能与皇帝以同等视线看待事物。如果出现与皇帝不同意见时，通常有两种方法解决：一是揭露皇帝之"私"，二是站在道德高地上指出皇帝做法的不合法统。这两种情况在历史中极少出现。在曾静的例子中，是二者兼有。虽然这两种情况都不属于与皇帝同等视线看待事物，但皇帝的对策是非常简单的：要么对二者处以"大逆不道"死罪，要么仅对第二种情况判死罪，而对第一种情况采取"小人"无知，皇帝赐以恩典，让他"改过自新"的做法。

官僚们发现了齐周华的奏疏是以与皇帝平起平坐的方式讨论问题，他们感到恐慌，甚至预测到了可能出现的最坏情况。皇帝岂能允许臣子以与自己平视的方式讨论问题？官员们经过揣摩得出结论：皇帝必定追问写疏的动机是什么，最终发现与吕留良的"华夷之辨"有同样动机，如果官员放过这种"乱臣贼子"，必将遭受严厉惩罚。他们有超强的揣摩皇帝意图的能力，这是与他们性命攸关的大事。事实上，齐周华有"华夷之辨"的思想倾向。他与黄宗羲是师徒关系，浙东尤其是台州有产生方孝孺的思想传统（参考《驳郭彦博等论方孝孺死事》），尽管齐周华本人言辞十分谨慎，但从疏中发现这一点并不太难，谙于世故的官僚们不难嗅出个中气味。但官员们又不能接收此疏并登记在官府的公文档案里，而拒收就又等于公开违背皇帝的命令。因此，官僚们的态度是既不传达也不拒收，这就是官僚们的世故，其中也包含了某种出于"大人"对"小人"的爱护，并对齐周华发出"不可做此傻事"的苦心劝诱。

齐周华是把"愚"贯彻到底的人，就连他的友人为之叹息道：

"一愚至此，予亦不能不为之悲且泣也。"（佚名《风波集序》）

雍正辛亥（九年）春，予仗剑入都。（《金陵义剑楼记》）

齐周华依然一副义勇的样子。他带剑上路，是为了在没有路费时将它变卖掉。到北京后，他向刑部递交奏疏，刑部同样以程序不当的理由拒绝向上传递，将其打回到他本地的学政部门。转了一圈，奏疏仍无着落。《风波集序》中的如下记载透露了此时情形：

学政又有所掣肘，不得已始以言诱，继以威胁，终命以疯自承。

这是狂妄的行为，就只得认了吧。他陷入了自己承认自己为疯人的混乱逻辑中。齐周华在狱中写下了题为《痴话》的随笔。

予三痴之痴友也，名实皆所不讳。及至枭司对簿，吏讽以痴自承可以免难。予却坚不认痴，带索而返。三痴怫然曰："若夙以痴自负乎，今反坚不承认，何也？"予曰："认痴，则不痴矣；不认痴，此予之真痴也。"三痴大笑曰："有是哉，诚不愧痴友。"

齐周华依然"始终坚执不悔，死而后已"的态度。于是当局"以罗织成狱，以棍仗禁锢"——不知以何种罪名判罪，但还是把他投入狱中。雍正十二年夏，有人再次调查天台旧案时

发现了齐周华案件，上报皇帝。皇帝下令再彻查。可是，

> 内外臣工至此，不得不为自全计，而巨山又见抑矣。
> （《风波集序》）

齐周华也抗诉，最后还是被判处"永禁杭城"——终身监禁于杭州监狱。监狱位于宋朝建造的风波亭。于是他将狱中写作的诗文命名为《风波集》。他一直被囚禁于此狱中，一直到皇帝更替而获得赦免。

齐周华笔祸事件让我们朦胧看到了作用于中国传统社会的"微"——磁场。

国家是以皇帝为顶点构成的金字塔结构，这个金字塔的设计基于某种理念，这种理念是某种"主义"或某种宗教（如太平天国）。但在中国传统社会里，这种理念来自儒教，在雍正时期是朱子学。雍正皇帝多次推崇"理"，以明示国家的理念。这一理念要求社会、个人甚至每一个人的内心世界都要根据这个总体设计图来建构符合总体要求的缩小版金字塔秩序。在这种情况下，各个层次的金字塔必须是同一形状的。因为这些缩小版金字塔一旦出现歪斜，就会偏离国家金字塔的结构，从而造成国家金字塔结构的不稳定。偏离国家金字塔结构，或者在国家的金字塔结构以外再建造金字塔，会被视为"大逆不道"，而社会上也不允许建立与国家完全相同高度的金字塔，因为只有皇帝才有此权力。齐周华《救吕晚村先生悖逆凶悍疏》中的议论是以与皇帝平视的态度出现的，这是一种试图建立与皇帝并立的金字塔结构的行为。官僚们为此感到不安，并极力加以阻止。

当出现偏离国家理念的人与事时，皇帝就从国家金字塔等级结构出发，用"大逆不道"之名来处罚，最典型的例子是雍正皇帝用他最擅长的"理"来判罪。这种判罪的目的是拆除偏离国家金字塔等级结构的部分，同时还要追查其根源，扑灭偏离金字塔等级结构的思想及其支撑理念。这就是为什么必须彻底追查动机的原因所在。人的行为是由"理"支配的动机推动的，而不是由法支配的。在这种体制中，不轻易抒发己见才是最明智的。人们必须经常检查以自己为顶点的小金字塔结构，或者自己的精神金字塔是否偏离了总体金字塔结构。齐周华不可能不知道这个奥秘。然而他认真响应了"独抒己见"的呼吁。这是一种明知不可为而为之的"愚"。雍正皇帝为何要求人们"独抒己见"呢？他只是要求每个人抒发在符合国家金字塔要求的缩小版金字塔内的"己见"。除了齐周华等少数人外，大多数人都明白应如何应对这种呼吁。这种少数人的"己见"也会淹没在茫茫人海中，而无法进入皇帝的视线。雍正十年十二月皇帝颁发了上谕：

> 今据各省学臣奏称，所属读书生、监，各具结状，咸谓吕留良父子之罪罄竹难书，律以大逆不道，实为至当，并无一人有异词者。普天率土之公论如此，则国法岂容宽贷。

人们或许对雍正皇帝的狡猾嗤之以鼻，笔者则不以为然——这是一种"聪明"的做法。他非常清楚"独抒己见"的命令在社会将会产生哪些反应。在这种体制下，"聪明"远比狡猾更具有威力。

虽然有的行为未偏离国家金字塔划定的范围，但一旦出现偏离、构成犯罪，国家便依据法律制裁。不过，这里也有一些微妙的问题。对于国家而言，一些人与事明确属于法律制裁的对象，但从国家金字塔和相似的小金字塔的角度来看，则是偏移出来的东西。对于站在缩小版金字塔顶点的人来说，这属于以"理"来裁决的对象，是国家与社会之间的一种微妙平衡。不过，既然国家将"理"置于"法"之上，这个平衡不可避免地向"理"一侧倾斜。齐周华晚年遭遇的"家庭变故"就是一例。齐周华与国家抗争，是站在了社会金字塔的高度与"大人"抗争，是要跟"大人"平起平坐，而与"小人"抗争就是跟"小人"平起平坐。"七旬老妻奇淫"，这是让人心酸不已的话，从中能看出齐周华相当冷静的矜持。他遭受以"悖逆谬妄"的理由、亦即以"理"名义的裁决是理所当然的。他始终偏离于国家金字塔以及社会缩小版金字塔藩篱之外，因此犹如土地被整理规划那样，遭到了"理"的整肃。既然生为"畸人"，最终亦以"畸人"而死。

三

曾静、吕留良案是齐周华被逼走上"独"的道路，直至被迫害致死的原因。该案起于雍正六年九月二十六日，驻扎在西安的川陕总督岳钟琪收到曾静遣张熙（化名张倬）送来的一封信。岳钟琪看信后大惊，因曾静在信中催促他起兵叛乱。为何岳钟琪被选为策动叛乱的对象？因为曾静以为岳钟琪是岳飞的后裔，在政治上处于比较微妙的立场，会有人怀疑他的忠诚。因此，岳钟琪不得不再向异民族的王朝清朝和雍正皇帝表示忠诚，立即将此事呈报皇帝，同时上交《逆书》。

曾静鼓动岳钟琪反清叛乱的依据可以大致归结为三点：

第一，"华夷之辨"中的"华夷之分大于君臣之伦"。

第二，雍正皇帝的十大罪状。

第三，雍正皇帝执政失误引发自然灾害和人民贫困。

以上是曾静劝说岳钟琪造反所列出的理由。雍正皇帝见书大为震惊。

朕览逆书，惊讶堕泪。览之，梦中亦未料天下有人如此论朕也，亦未料其逆情如此之大也。（故宫博物院文献馆编《文献丛编》第一集《张倬投书岳钟琪案》，故宫博物院出版物发行所，1930—1937 年）

对理由（三）中所说的人民贫困这一点，雍正皇帝有相当的自信。曾静的指责是老生常谈，很容易反驳。至于岳钟琪，他既然已经把信交出来，就可以放心了。理由（一）中的"华夷之辨"，因为一而再再而三的文字狱而逐渐销声匿迹，但这是清朝成立以来的老问题，不至于让皇帝"堕泪"，"惊讶堕泪"多少带有表演的成分。不过，事实上曾静的《逆书》的确有不少令雍正皇帝感到"惊讶"的东西，这就是理由（二）中列举的"十大罪状"。"十大罪状"指的是谋父、逼母、弑兄、屠弟、贪财、好杀、酗酒、淫色、诛忠、任佞。（《大义觉迷录》）雍正皇帝为此"堕泪"，则完全是一种表演。作为中国的统治者，在表演之后，就会以《逆书》违反事实为由，以大逆罪将肇事者"处以凌迟"便可了结此案。然而，雍正皇帝并没有这样做。这是因为其中包含足以让雍正皇帝感到"惊讶"的内情。

收到岳钟琪的"密奏"后，雍正皇帝立即展开调查。首先，调查给岳钟琪带信的张倬。信的标题是"南海无主游民夏靓遣徒张倬上书"。夏靓又是何人？雍正皇帝利用岳钟琪微妙的政治立场令其调查。岳钟琪花言巧语欺骗张倬，终于查明其真名为张熙，夏靓就是曾静。曾静是湖南郴州永兴人，康熙十八年（1679）出生，是多次赴考落第的书生。曾静曾经读过吕留良的时文评选。吕留良有鼓吹"华夷之辨"的思想倾向，并记录于日记中。曾静的弟子张熙为寻找吕留良的遗留书信，曾受到吕留良的弟子严鸿逵的款待。曾静因此了解了吕留良的思想。但吕留良、他的后裔以及弟子并没有利用"华夷之辨"造反的意图。

曾静利用了吕留良的"华夷之辨"，使事件朝着意想不到的方向发展。不过，真正使雍正皇帝感到"惊讶"的并不是"华夷之辨"，而是因为曾静列举的"十大罪状"中包含了权力中枢的机密。雍正皇帝疑心很重，一介穷困潦倒、地处湖南偏僻山村的书生是如何知晓宫中秘密以及权力中枢秘密的？在这种疑心驱使下，雍正皇帝派人重点搜查，得出如下结论：

> 盖其（曾静）分别华夷、中外之见，则蔽锢陷溺于吕留良不臣之邪说。而其谤及朕者，则阿其那、塞思黑、允祯、允禵等逆党奸徒，造作蜚语，布散传播，而伊误信以为实之所致。（《大义觉迷录》卷五，文海出版社1966 年版）

对于雍正皇帝而言，曾静案是重大案件，但此案的关键人物不是曾静，而是把手伸到了权力中枢的"逆党奸徒"。此问题很可能会酿成对雍正皇帝产生致命伤害的重大案件。孟森说：

> 此曾静案之结局，实不在种族，而在发世宗（雍正皇帝）嗣位之隐。（孟森《清世宗入承大统考实》，收入《明清史论著集刊》，中华书局 1959 年版）

这是精辟的见解。当时流传着雍正皇帝的嗣位——帝位继承有不明朗之处的说法，直到今日仍是未解之谜。这里的确有"微"，只要没有找到或许永远不可能出现的新资料，就无法探明这个"微"。雍正皇帝自即位以来一直进行销毁"嗣位之隐"或"微"证据和钳天下之口的各种举措。这些都有利于对付曾静根据来自权力中枢的流言写的《逆书》。

雍正皇帝收到岳钟琪的报告后，将曾静传唤到北京。他大体知道曾静会采取什么态度应对问讯。雍正皇帝非常厚待这位一口咬定自己是"谋父"即杀父的曾静。正如雍正皇帝所期待的那样，在雍正皇帝面前，曾静态度十分卑微。《大义觉迷录》就是根据当时的问讯写成的。"曾静供，弥天重犯"云云，供述均以这种方式进行。这是清朝裁判的基本做法，也像是曾静的真实意思表达。不过，

> 弥天重犯……盖因失父太早，独居山僻穷陋者，已数十余年左右。附近不惟无史册可以借观稽考……（《大义觉迷录》卷一）

曾静的供述在这一点上始终如一：身处乡下没有知识，以至于"误读吕书"。这是曾静的说法。对雍正皇帝而言，曾静并非问题的核心，核心在于"十条罪状"和"嗣位之隐"。在这一点上，找不到与处于雍正皇帝同样视线的证人。这不仅仅是以各种形式进行禁言封口的结果。假如有足够证据、有人出来作证的话，这就等于试图构建与皇帝同等级别的金字塔了，这才是"大逆不道"。因此，在审讯曾静的整个过程中，能够成为解开此谜的证人只能是皇帝本人。在曾静案中，雍正皇帝既是导演也是主演，这就是汉语所说的"表演"。雍正皇帝在《大义觉迷录》的开头就披露了一段上谕：

> 岂意有逆贼曾静，遣其徒张熙投书于总督岳钟琪，劝其谋反，将朕躬肆为诬谤之词，而于我朝极尽悖逆之语。廷臣见者，皆疾首痛心，有不共戴天之恨。似此影响全无之事，朕梦寐中亦无此幻境，实如犬吠狼嗥，何足与辩？既而思之，逆贼所言，朕若有几微愧歉于中，则当回护隐忍，暗中寝息其事，今以全无影无声之谈，加之于朕，朕之心可以对上天，可以对皇考，可以共白于天下之亿万臣民。（《大义觉迷录》卷一）

本文无意探讨雍正皇帝即位后已经逼死了知晓"嗣位之隐"的年羹尧、隆科多等人提出的"似此影响全无之事"证据。雍正皇帝极力辩解"若有几微愧歉于中"，这一点值得关注。就是说，雍正皇帝不但否认存在"似此影响全无之事"，就连在动机上也没有任何愧疚，"朕之心"对上天、对父皇、对万民没有愧疚。强调动机的纯洁有时会显得很滑稽。例如对

"十大罪状"中列举的"好杀",雍正皇帝的辩解是这样的：

> 朕性本最慈，不但不肯妄罚一人，即步履之间，草木
> 蝼蚁，亦不肯践踏伤损。

另外，他对"淫色"的辩解是：

> 朕在藩邸，即清心寡欲，自幼性情不好色欲。即位以
> 后，宫人甚少。朕常自谓天下人不好色未有如朕者。（《大
> 义觉迷录》卷一）

这种辩解的手法贯穿于《大义觉迷录》。雍正皇帝亲自证
明自己动机的纯洁，用"大义"唤醒曾静的迷惘。雍正皇帝还
"出奇料理"——使事件的焦点从曾静转移至吕留良的手法。
雍正皇帝对曾静的处置显得有些滑稽，就是只要曾静幡然悔悟、
动机纯净，就可以释放，并将此事通报全国，还同意曾静回乡
置产。不仅如此，"即朕之子孙，将来亦不得以其（曾静）诋
毁朕躬而追究诛戮之"（《大义觉迷录》卷三）。然而，乾隆皇
帝即位后就翻案了。

雍正皇帝的"出奇料理"使事件的焦点从"嗣位之隐"转
移到"华夷之辨"。雍正皇帝就此事件写成了《大义觉迷录》，
其中最重要的是出现在卷首驳斥"华夷之辨"的上谕。他说：

> 夫人之所以为人，而异于禽兽者，以有此伦常之理也。
> 故五伦谓之人伦，是缺一则不可谓之人矣。君臣居五伦之
> 首，天下有无君之人，而尚可谓之人乎？人而怀无君之心，

而尚不谓之禽兽乎？尽人伦则谓人，灭天理则谓禽兽，非可因华夷而区别人禽也。（《大义觉迷录》卷一）

沿用朱子学"理"的逻辑，就会得到这样的结论。提出应让朱子当皇帝的曾静，就这一点做了如下供述：

天生人物，理一分殊。其有分别，实以理之偏全，不在所居之内外。弥天重犯读书浅少，义理看不透切，妄意以地之远近分华夷，初不知以人之善恶分华夷。（《大义觉迷录》卷一）

把焦点移至"华夷之辨"，对雍正皇帝来说，甚至对曾静来说，"天理""义理""人伦""五伦"是最大的问题。这是强调动机的逻辑结果。

雍正皇帝的"出奇料理"到底是在什么样的背景下出笼的？对雍正皇帝来说，最重要的是避免"嗣位之隐"成为政治的焦点。因为这很可能会在权力中枢产生连锁反应。对此，雍正皇帝大力宣称自己光明正大、动机纯正，以显示其嗣位的正当性。然而，这种反复高调的声明反倒使人产生疑惑。事实上，时至今日，不知有多少人仍在试图解开这个"微"。"华夷之辨"一直是清朝建国以来文字狱的主旋律，将焦点转移到这里，对统治者来说，一点都不"奇"，对人们来说，犹如重复多遍的旋律又重新奏起。雍正皇帝之所以将此称为"奇"举，是因为具体做法太出乎人们的意外。"微"就在于"出奇料理"转移焦点上。孟森将其称为"嗣位之隐"，可见雍正皇帝有模糊"嗣位之隐"焦点的意图。

这一"出奇料理"背后，有"某种连言行主体都意识不到的行为模式、思考方式"的"微"。这就是将焦点转移至"华夷之辨"、即吕留良身上，从而把曾静写《逆书》的动机是如何产生的来历公之于众，并将"理"置于"华夷之辨"之上，使"理"的统治更加完善。在这一点上，雍正皇帝未必是有意识地或刻意地行事。

"理"所建构的国家金字塔，是由社会的缩小版金字塔支撑着的。曾静用夸张的言辞，站在道德制高点上对这个金字塔发起挑战。但在雍正皇帝眼里，夸大言辞反而衬出其地位的卑微。只要曾静自我批判、自我悔悟了，就不会对社会构成危害。这种做法就是让一个人依据"理"来构建与其本人相称的金字塔。曾静是一个小人物，社会上可能存在着无数与曾静一样的小人物。引导曾静产生错误动机的社会土壤才是最大问题。雍正皇帝赦免曾静，让他在全国各地宣讲他的悔悟，就是出于这个目的。在雍正皇帝看来，真正的危险在于诱导包括小人物在内的人产生错误动机的思想，于是，他将铁锤砸向已经死去的吕留良。雍正皇帝的这一做法很可能是无意识的，他的思维逻辑也没有问题。但雍正皇帝的这种做法让人很意外。

这里出现了齐周华被单独卷入曾静、吕留良案的交汇点。因为雍正皇帝并非有意为之，反倒使官僚们非常担心齐周华《救吕晚村先生悖逆凶悍疏》中有关曾静是犯人、吕留良只是被犯人利用的武器这一观点会"犯圣怒，波及有司"，官僚们才拼死阻止齐周华上疏。对雍正皇帝来说，真正的犯人是吕留良，曾静的动机是因他的思想产生的，曾静是被吕留良利用的武器。齐周华并非在雍正皇帝无意识创造出来的磁场中的铁砂，但正因为如此，他必然被社会所埋葬。而且，这不需烦劳光明正大的皇帝，而是通过官僚之手暗地里解决的。

雍正皇帝自己称之为"奇"的这一措施，从维护雍正皇帝统治的磁场的角度来看，丝毫不"奇"。作为异族王朝的皇帝，当他大张旗鼓地将"理"置于"华夷之辨"之上时，"理"依据其内在逻辑必然产生这一结果。当中国历史走到这一境地时，愈发加深了中国传统文化与传统社会叠加的不幸。雍正皇帝构建起了将"理"居于"华夷之辨"之上的政治结构，但看一看《大义觉迷录》便可知，"理"已经走向极端。"理"越是被纯粹化，就愈发走向极端，最终愈发导致"理"的空洞无力。

尽人伦则谓人，灭天理则谓禽兽。（《大义觉迷录》卷一）

基于天理的人伦，换言之就是五伦，五伦之首是君臣，即：天理在君那里，君以天理之名裁断罪人。在这种体系里，君的意志是裁决的依据。君臣、父子等五伦与理的关系，必然走向一种封闭的循环论证关系。随着"理"被不断提纯，政治就越发走向强权。到了雍正时代之后的乾隆时代出现的文字狱更加疯狂，齐周华被迫害致死已经不算什么了，那时的文字狱都来自皇帝随心所欲的裁断。

齐周华殒命刑场之后，有一位学者对"理"开战。他就是戴震。

尊者以理责卑，长者以理责幼，贵者以理责贱，虽失，谓之顺；卑者、幼者、贱者以理争之，虽得，谓之逆。于是，下之人不能以天下所同情、天下所同欲达之于上；上以理责其下，而在下之罪，人人不胜指数。人死于法，犹有怜之者，死于理，其谁怜之！（戴震《孟子字义疏证》上，中华书局 1961 年版）

纵贯齐周华一生惨烈的生与死以及雍正皇帝的"出奇料理"，笔者也不得不与戴震一起发出"呜呼"的感慨。

（原载《学习院大学文学院研究年报》
第 38 期，1992 年 3 月 20 日）

"平均"解

一

《资治通鉴》"唐僖宗乾符元年"条目里有如下记载：

> 是岁，濮州人王仙芝，始聚众数千，起于长垣。（《资治通鉴》卷二五二）

唐朝也像中国历代王朝那样，在其末日毫无例外地迎来了由王仙芝以及后来的黄巢领导的农民战争。为在乾符元年里记载王仙芝的暴动，编者司马光加以解释：

> 《实录》："乾符二年五月，仙芝反于长垣。"按《续宝运录》："濮州贼王仙芝，自称天补平均大将军，兼海内诸豪都统，传檄诸道。"檄末称"乾符二年正月三日"，则仙芝起必在（乾符）二年前，今置于岁末。

《资治通鉴》的编者为论证王仙芝、黄巢的农民战争起于何年，作了上述的考辨，这为我们考察其后中国漫长的历史提供了一段珍贵的考证材料，这是中国历史上首次出现由农民提出的"平均"概念。

中国的马克思主义者们继承了中国传统的农民行动方式和心理气质，关注这个"平均"的概念是理所当然的。对王仙芝自称"天补平均大将军"这一点，中华人民共和国后，中国著名历史学家侯外庐说，"与在此之前的时期不同，农民不但要求人身生存权、生活权，也向封建统治阶级提出平等的权利，而且还要求平均分配土地"（侯外庐《中国封建社会前后的农民战争及其纲领口号的发展》，收入史绍宾编《中国封建社会农民战争问题讨论集》，生活·读书·新知三联书店1962年版）。据侯外庐的研究，此称号中的"平均"具有明确的"补不足均不平"之意味。"补不足"和"均不平"的意义未必相同，但侯外庐认为"平均"是平均地权的象征。

不过，仅凭《资治通鉴》中出现的"平均"一词，就可以下这一结论吗？不可否认，从中国农民的角度看，其最大的理想是平均地权，中国的马克思主义者也全力以赴去实现这一目标。拥有这样背景的人看到史料中出现的"平均"一词时，就会引出心理上的共鸣，是毫不奇怪的。毛泽东曾多次批判过绝对的平均主义，但不可否认，平均主义在中国革命中打下了深刻烙印。对王仙芝提出的"平均"概念，继侯外庐之后也出现了接近史实的研究，但在"平均"容易引发心理共鸣的土壤上，还是出现了更加离奇的解释。因为在"文化大革命"时期，"平均"思想强烈地占领了人们的思维，在一般民众中仍有很大的市场。

《新编五代史平话》[1]发现于清光绪年间，其中记载着在王仙芝起义之后，黄巢追随王仙芝被任命为"冲天太保均平大将军"的事迹。"平均"与"均平"意义相同。"文化大革命"期间流传甚广的极端平均主义，就是在王仙芝的"天补"与黄巢的"冲天"基础上杜撰而来的。据说，"天补平均"系侯外庐所言的"补不足"之意，它只是历代统治者一直实行的"损有余补不足"的意思，因此，在这里不可能是农民主张土地所有权的意思。另外，"冲天"据说还有打破地主阶级的"天"之意，因此打破地主阶级土地所有制实现"平均"的革命家是黄巢，而不是王仙芝。"补"和"冲"一字之差，可以解读为投降与革命乃至两条路线斗争，这种说法是完全缺乏史实依据的，宋家钰曾对此做了研究，这里不再赘言（宋家钰《关于唐末农民起义领袖"天补均平"称号研究中的几个问题》，收入《中国农民战争史论丛》第一辑，山西人民出版社 1978 年版）。不过，在某种意义上，在平均主义盛行的"文化大革命"时期，出现荒诞无稽的观点是具有象征意义的。

无人否认王仙芝、黄巢农民战争起因于"两税不均"即赋役负担不平等，由此引发了农民武装起义，使国家陷入危机。因此，在统治者中也有人提出"赋役平等"的建议，元稹是其中的代表之一。他曾上《同州奏均田状》，指出当时"富豪兼并，广占阡陌、十分田地，才税二三"。因为"富豪"赋役减少的部分转嫁到了普通农民身上。据说实行元稹赋役负担公平的建议后，出现了"贫富强弱，一切均平"的局面。如果这种

---

[1] 译者注：《新编五代史平话》，为有关五代的通俗小说，不著撰人。全书共十卷，现存八卷，梁史、汉史均缺下卷，讲说五代十国时期后梁、后唐、后晋、后汉与后周兴废战争史的话本。概由多种流行小说收成一集。

情况符合当时的史料记载，那么，根据元稹的"均平"思路来分析"天补平均大将军"中的"平均"的意义是比较合理的。因为将"平均"一词赋予平均地权的意义，已经超出了"平均"一词的本义。在当时，"平均"或"均平"的意义只限于纠正赋役显著不平等的状况。

王仙芝、黄巢农民起义之后，类似"平均"的说法时常出现于史书中。在北宋王小波、李顺发动农民起义时，王小波说："吾疾贫富不均，今为汝均之。"（王辟之《渑水燕谈录》卷八，商务印书馆 1920 年版）南宋钟相、杨么发动农民起义时主张"当等贵贱，均贫富"（徐梦莘《三朝北盟会篇》卷一三七），都是有名的例子。不过，这里的"均贫富"以及王仙芝、黄巢时的"平均"或"均平"是否有平均地权的意义，并不明确。

1644 年，李自成的农民起义推翻了明朝，他们提出的口号是"均田、免粮"。李自成攻入首都北京后，明朝因内部腐败以及将军吴三桂与清联合军的里应外合而土崩瓦解。有人在三百年之后试图从这一事实中总结历史教训。1944 年，郭沫若写了名为《甲申三百年祭》（人民出版社 1972 年版）的著作。在《甲申三百年祭》中，郭沫若对李自成打出的"均田、免粮"口号进行富有感情的论述。如果说"均田"意味着平均地权，那么，它实现了解放前夜农民的愿望，共产党和解放军由此获得了巨大力量。不过，在李自成的"均田、免粮"口号里，有一些复杂的背景。

清代的赵翼在其著作《廿二史札记》[1]中有如下记载：

---

〔1〕 译者注：《廿二史札记》，清代三大考史著作之一。全书共 36 卷。所考实为廿四史，因其将新、旧《唐书》，新、旧《五代史》看成是分别反映同一时代的史书，不予分开考证，故称廿二史。作者意图在总贯群史，故对每一部史书，先叙著作沿革，评介其得失；然后提出一系列问题，再以原书排比史事，考证比较，并提出自己的见解认识。

> 流寇有适相肖者。黄巢初从王仙芝为盗，仙芝被戮，巢始为盗魁。李自成亦先从高迎祥为盗，迎祥被擒，自成始为盗魁。相似一也。巢以草贼起事，陷京师，据宫阙，僭号改元。自成亦以草贼起事，陷京师，据宫阙，僭号改元。相似二也。巢未入京师以前，其锋不可当，入京僭位后，逆运已满，未几遂一败涂地。自成自襄、陕向京，凶威亦无敌，入京僭位后，逆运亦满，未几亦一败涂地。相似三也。（《廿二史札记》卷二十"黄巢、李自成"条）

顺着赵翼的思路，还可以列出第四第五个"相似"。黄巢和李自成二人在"流"——后述的流寇主义这一点上有惊人的相似之处。此外，王仙芝、黄巢的"平均""均平"与李自成的"均田"是两码事。而且，两者都是孤证。现在这些词语到底是意味着赋役平均，还是平均地权？围绕这一疑问，仍存在争议。

"均田、免粮"的说法仅见于查继佐的著作《罪惟录》（浙江古籍出版社 1986 年版），并未见于其他史料，郭沫若在《甲申三百年祭》中也曾指出这一点。《罪惟录》中，"均田"出现过三次。最重要的是《罪惟录》卷三十一《李自成传》中有关的说法。

> 李岩教自成以虚誉来群望，伪为均田免粮之说相煽诱。

《罪惟录》的这句话里有两个问题。其一，有关鼓动李自成高举"均田"口号的李岩。有关李岩的事迹虽然见于当时的多种史料中，但《豫变纪略》（郑廉著，浙江古籍出版社 1984 年版）则记载道"《流寇志》诸书皆载之，不知其为乌有先生"，因此，在比较可信的史料里并未见记载此人。顺便说一下，《豫变纪略》的作者郑廉记载自己与李岩同为河南人，他曾被李自成军队捕获，了解其内部的情况。

其二，被认为是此乌有先生李岩提出的"均田、免粮"口号，与见于《罪惟录》以外的史料里李自成军打出的其他口号有所不同。其中，最有名的是：

> 吃他娘、穿他娘，吃穿不够有闯王。不当差，不纳粮，大家快活过一场。

这里说到的"不当差、不纳粮"见于多种史料。因此，见于《罪惟录》中的"均田"与唐末的"平均"一样，也应该解释为"当差、纳粮"的平均。事实上，明末时，"均田"在许多情况下是平均赋役的意思，朱国桢《涌幢小品》（1622 年刻本）中记载的"均田"是有名的例子。书中所记载的内容除了平均税赋之外，并无其他涵义。

那么，"平均""均田"等词语是否只意味着压在农民身上的税赋平均化，而不是地权的平均呢？从史料看，将其解释为平均地权，有一定的难度。但不论是在黄巢那里，还是在李自成那里，跟税赋和拥有土地几乎没有什么关系。因此，在这种情况下分析农民战争中出现的"平均"应当十分小心。在明末就出现了"富者连田阡陌，贫者无立锥之地"的情况，可见，当时的土地所有制问题相当严重。

明王朝的建立与农民战争关系非常密切，因此，明朝采取了避免土地严重不均的土地政策。但到了明朝中期，谨慎的土地政策开始出现问题。天顺八年（1464），明朝开始设皇庄。那时虽有"天子以四海为家，何必与民争利"的谏言，但没有被政府采纳。之后，在非常时期，朝廷设置的避免增加农民负担的"闲田"被皇族、大官僚、宦官以各式各样的名目占有。发生战争时，朝廷只好向农民强征更多的税赋。其后，土地所有的情况逐渐恶化，万历时代（1573—1620）情况尤其严重。万历皇帝并非昏庸的皇帝，但在立太子问题上过于执拗，以至于他几乎放弃了朝政。有臣下指出万历皇帝有"酒色财气"四个缺点。这里的"气"是指怒气。在这四个缺点中最要命的是"财"，当时就有万历皇帝"好财"的传闻。这还不仅仅是"好财"，而是掠夺他人之财。例如，他以开矿山名义派遣宦官，宦官以土地有矿藏为名强行夺走肥沃的土地，使之成为皇帝的地产。这种情况在各地均有发生。此外，万历皇帝没有达到立福王为皇太子的目的，在福王赶赴洛阳时，准备把令人难以置信的巨额财产和大量的庄田分给福王，经臣下劝阻后，庄田的数量仍有四万顷之多。可见，万历皇帝以膨胀的个人之"私"破坏了国家的土地制度。这样一来，官僚、宦官以及各地的地主、商人相继仿效，出现了"有田者什一，为人佃作者十之九"（顾炎武《日知录》卷十，上海古籍出版社1985年版）或类似于此的情况。

万历皇帝不仅破坏了土地制度，还放弃了对国家主要官员的任命。没有皇帝的任命，官员们只好"封印自去""拜疏自去"，随意增补缺员，使国家最重要的职能陷于瘫痪。

万历皇帝的所作所为导致明朝的垮台，而给予致命一击的，是后来以清太祖载入史册的满洲人努尔哈赤。万历四十六年（1618），努尔哈赤对明朝发起攻击，翌年在萨尔浒击败了明朝号称四十七万的大军。来自东面的重大威胁，导致军费急剧增加。而万历皇帝拒绝臣下以他的资产——内帑作为补充军费之用的提议。在其他许多提案中，只有李汝华"天下田赋，自贵州外，亩增银三厘五毫，得饷二百万"的提议被采纳，田赋就这样增加了。这是史上臭名昭著的"辽饷"的开端。此后，辽饷不断增加，农民因无法忍受增加的负担揭竿而起。朝廷为了镇压农民的武装起义，又开始课"剿饷"，税赋的增加最终引发更广泛的农民武装起义。加强对农民的武装镇压，必然会削弱在东方对满洲的防备。而被满洲击败后，明朝又不得不将军队移向东方。这样，农民起义火上加油，加强军备的"练饷"随之而来。辽饷、剿饷、练饷三饷中的一饷增加就会产生联动效果，三者叠加在一起，加速了明朝的灭亡，李自成的"均田"口号就是在这种情况下出现的。

土地兼并与税赋负担的增加是紧密关联的，犹如一张纸的正反面。通常是土地兼并先行一步。本文根据以上的历史背景分析，对"平均"作一个假说："平均"在表面上是税赋负担的平均，在深层面是指平均地权。

二

王船山生活于明末清初的动荡时代，他深入思考了明末出现的土地兼并、税赋负担不平等和农民战争问题，精辟分析了触及中国传统社会本质的结构性问题。

> 三代以下之弊政，类曰强豪兼并，赁民以耕而役之，国取十一而强豪取十五，为农民之苦。乃不知赋敛无恒，

墨吏猾胥，奸侵无已，夫家之征，并入田亩，村野愚憁之
民，以有田为祸，以得有强豪兼并者为苟免逃亡、起死回
生之计。唯强豪者乃能与墨吏猾胥相浮沉，以应无艺之征。
则使夺豪右之田以畀贫憁，且宁死而不肯受。向令赋有成
法而不任其轻重，孤儿独老可循式以输官，则不待夺有余
授不足，而人以有田为利，强豪其能横夺之乎！赋役名数
不简，公费驿递不复，夫家无征，一切责之田亩，田不尽
归之强豪不止，而天下之乱且不知所极矣。（王夫之《噩
梦》，古籍出版社 1956 年版）

不应将王船山的这一说法看作是站在拥有土地的地主阶级
立场的谬论。在这里，他试图回答中国的传统社会为什么
"乱"——发生农民战争这一结构性的问题。王船山认为，税
赋负担问题才是结构性问题，他甚至断定土地兼并只不过是其
结果。王船山的这一观点，与笔者在前面提到的税赋为表层、
土地兼并为深层的假说刚好相反。王船山的这一观点立足于明
末的历史情况，这一点从文中的"公费驿递"一事也可以得
知。顺带一句，废止"公费驿递"是因满洲局势的恶化而采取
的削减国家开支的措施。这只是权宜之计，结果产生了大量失
业者，成为引爆农民战争的导火索。然而，王船山并不认为赋
役负担和土地兼并仅仅是明末固有的问题，他实际上是指出了
三代以后的弊政即秦始皇以后中国社会出现的问题。因此，当
他论述这一问题时，必然要涉及税赋即对国家的负担问题，进
而必然涉及国家问题，这与土地兼并、土地所有问题相关联，
是极具结构性的问题。

王亚南在其著作《中国官僚政治研究》（中国社会科学出

版社 1981 年版）中对这个结构性问题有如下论述：

> 以地主经济为基础的专制官僚统治，既然如前面所说，一定要造出官、商、高利贷者与地主的"四位一体"场面，又一定要造出集权的或官营的经济形态，更又一定要造出贪赃枉法的风气，而这三者又最可能是息息相通、相互影响的，它们连同作用起来，很快就使社会经济导向孟轲所预言到的"上下交征利，而国危矣"的大破局。

王亚南在文中提及商人与高利贷者，是因为这是土地兼并的杠杆。王亚南认为，土地兼并不是税赋不公以及由此产生的贪官污吏造成的现象，而是中国传统社会的必然。他指出，如果要实现税赋平均，就必须要解决地主、官僚问题。

这里从王亚南的视角考察一下中国传统社会的运行机制。《汉书·食货志》中有董仲舒一段有名的话："至秦则不然，用商鞅之法，改帝王之制，除井田，民得卖买。富者田连阡陌，贫者无立锥之地。"自那以后，在中国，土地变成了私有，地主制由此得以巩固。地主制并不意味着地主始终控制着大部分土地。因为在中国传统社会，国家对地主无限制地土地兼并实施了不同程度的干预，而且，农村还有大量的自耕农。但是到了现代，无论国家对资本怎样加以限制，或者即使在资本主义社会，社会资本的大部分未控制在资本家手中，我们仍称其为资本主义社会。同样，在对土地的控制起决定性作用的社会，也必须称之为地主制社会。伴随着土地的私有化，中国的官僚制逐渐完备，再晚一些，儒教被确立为国家的意识形态，地主制、官僚制、儒教三者尤其在宋代以后形成了相当牢固的关系。

考察社会结构时，有多种角度，这里我们从政治、经济、社会、文化四个方面来考察中国传统社会的结构。在时间上，选择地主制、官僚制、儒教紧密结合的宋代以后的社会作为考察的对象。

中国传统社会的统治阶层有多种称呼，士、缙绅是典型的代表。政治上，他们是官僚或官僚后备军，经济上他们是地主，社会上他们是家长或依附家长的人，文化上他们是有儒家教养的读书人。王亚南从官、商、高利贷、地主构成"四位一体"的角度来考察中国传统社会。下面对中国社会的统治阶级"四位一体"的结构，即政治上的官僚、经济上的地主、社会上的家长、文化上的读书人这一结构作一考察。

中国的传统国家由两个方面构成，第一是国家统治方面以儒教真理为指南，第二是在道德方面，家长高居"民"之上，因此，孔子的学说被确立为国家的意识形态，国家从儒教和道德两个方面选拔人才，最终发展为科举制度。在朱子学那里，"理"被规定为宇宙的最高原理，科举以接近"理"的程度作为人才录用的标准。以"理"得到"官"者则有"权"。"权"是一种权限，但同时也是权力，并获得家长的权威。例如，在清代，地方大员巡抚、布政使、按察使、道员、知府都被称为"老公祖""大公祖"，州和县的官僚也被称为"老父母""老父台"。犹如广为传言的"三年清知府，十万雪花银"那样，这个"权"是可以转化为"利"的。这样得来的"利"以商业、高利贷为媒介进一步恶性膨胀。"利"有两个投资对象，一为土地，二为"理"，即主要是对子弟的教育。从"理"中获"权"，从"权"中获"利"，"利"又投资于"理"，在这一循环运动过程中，土地兼并必然不断加速。嵇文甫将现实历史情况下的这个过程描述为下述的循环：新王朝成立—商业发展—土地兼并—农民暴动—新王朝成立。商业发展所需的"利"的积累只能靠"权"来掠取，王船山哀叹贪官污吏和税赋不公并非个别和偶然的现象，而是很突出的结构性社会现象。对这种结构性问题，国家难以采取有效的措施。"平均"的提出的确是由税赋不公和贪官污吏贪赃枉法引起的。从史料上看，这种解释的确恰当。不过，史料里的"平均"即使是平均赋役的意思，也是在上述结构背景下提出的，对这一点必须予以注意，在下文讨论太平天国的过程中，将进一步揭示这一点。

前面曾提到过赋役平均化是表层、平均地权是深层的假说，目的在于指出结构性的问题是深层次问题，而通过表层的税赋的平均化的契机作用于历史。

三

讨论平均问题时，龚自珍的《平均篇》是不可忽略的文献。《平均篇》开篇云"龚子曰：有天下者，莫高于平之之尚也"。这里"平之"的意思，从文脉上看是指包括土地在内的财富的平均化，就是说，政治的最高原则是财富的平均化。在龚自珍看来，"邃初"——在太古时期，财富的"平均"早就存在，随着时代推移，"平均"便丧失了。"平均"为什么会丧失？其根本原因是人心。

> 人心者，世俗之本也；世俗者，王运之本也。人心亡，则世俗坏；世俗坏，则王运中易。

政治的根本在于世俗，世俗的根本在于人心。这里所说的世俗概念大体上与顾炎武所说的"风俗"相同，说明这种世俗和人心密不可分，统治者为了自身的利益不应该忽视这种人心和世俗。然而，当社会丧失"平均"时，贫富差距就出现了。

> 贫相轧，富相耀；贫者饬，富者安；贫者日愈倾，富者日愈壅。

这时的人心与世俗将如何呢？

> 或以羡慕，或以愤怨，或以骄汰，或以啬吝。浇漓诡异之俗，百出不可止。

具体而言，就会出现所谓"浇漓诡异（轻薄、古怪）之俗"，街上到处有"服妖之肆""食妖之肆""玩好妖之肆"，即色情、怪诞、荒谬之类的交易，而且，"男子咿唔求爵禄之肆""盗圣贤市仁谊之肆""女子鬻容之肆"，卖淫窟自不必说，各种为卖官而花言巧语之人，对孔子一知半解而高谈阔论仁义的人出入的铺店比比皆是。龚自珍或许还在这些风俗背后嗅到了鸦片的气味。顺便说一句，"妖"也有鸦片的意思。当这种风俗一旦蔓延开时，

> 至极不祥之气，郁于天地之间。郁之久，乃必发为兵燧，为疫疠，生民噍类，靡有孑遗，人畜悲痛，鬼神思变置。（《定庵文集》卷上《平均篇》，上海国学整理社1935 年版）

龚自珍以诗的语言描述了内乱、瘟疫、人们生不如死的状态。面对这种人间悲剧，连鬼神也要想替换王者。究其根源可知：

> 其始，不过贫富不相齐之为之尔。小不相齐，渐至大不相齐；大不相齐，即至丧天下。

于是，龚自珍寻找丧失"平均"的根本原因，主张应根据各个具体情况实施不同的政策。

龚自珍是性情中人，他以诗的语言论述"平均"，其观点可以与王船山明确具体的赋役与谋求社会公正的观点相提并论。他或许也意识到了这一点，他所作的"药方只贩古时丹"一句可以为证。

龚自珍的《平均篇》作于嘉庆二十一年（1816），文章以当时的一连串动乱为背景。自乾隆至嘉庆改元时起发生了白莲教叛乱，接着在天理教叛乱中，领导人林清甚至在宦官的内应下攻入了紫禁城，这是盛世终结、衰世开始的标志性事件。正如他所说"即至丧天下"那样，丧失"平均"将引发导致清朝灭亡的内乱危机，这恰恰成了对太平天国的预言。龚自珍还有一篇叫做《尊隐》的著名文章，他在文章中预言了即将到来的大乱：

> 俄焉寂然，灯烛无光，不闻余言，但闻鼾声，夜之漫漫，鹍旦不鸣，则山中之民，有大音声起，天地为之钟鼓，神人为之波涛矣。

也许龚自珍在写《平均篇》时，已经预见丧失"平均"将引起大乱。不过，他或许并未料到《尊隐》中所言的内乱主角"山中之民"会成为代表极端"平均"的历史角色。

这种极端"平均"出现在他所预言的"山中之民"的起义即太平天国起义里。与黄巢、李自成主张的平均在史料中只有孤证不同，太平天国制定的《天朝田亩制度》是明确规定土地所有权的文献，这个文献可以帮助我们在很大程度上弄清楚"平均"的内容。

太平天国癸好三年（1853）发布的《天朝田亩制度》并不仅仅是有关土地制度的文献，它把土地制度置于核心位置，作为全面处理国家事务的根本制度。

首先，《天朝田亩制度》规定了每一万三千一百五十六户组成的军制单位，"军"中设典分田、典钱谷、典出入等官员，师帅、旅帅等军职。"军"中出现的问题，由长官军帅向监军、监军向钦军总制、钦军总制向将军，再向侍卫、指挥、检点、丞相、军师层层禀报，最后由军师上奏天王。指挥系统的运作则相反，由天王发布号令，再由金字塔式的系统层层向下传达，这是严密的官僚制。的确，在包括太平天国在内的历代农民起义的残酷战争中，如果没有指挥系统，是不可能生存下来的，这的确是高效率的指挥系统。

其次，《天朝田亩制度》规定了田亩即土地制度。首先，根据其单位面积的产量将田地分为上上田至下下田等九个等级，作为"分田"，即土地分配给农民的标准。具体的"分田"按如下办法分配：

> 凡分田，照人口，不论男妇，算其家人口多寡，人多则分多，人寡则分寡，杂以九等。

《天朝田亩制度》中有"凡天下之田，天下人同耕"的条文，因此，《天朝田亩制度》原则上是土地公有制。然而，从这段文字看，分田是以家为单位进行的。对以家庭为单位进行分配这一点并未作明文规定，这说明了这种做法是理所当然。分田的目的如下：

> 务使天下共享天父上主皇上帝大福，有田同耕，有饭同食，有衣同穿，有钱同使，无处不均匀，无人不保暖也。

即，生活水平的均一化是其目的。这种均一化以家为单位，"平均"是指以家为单位的"均平"，这种以家为单位的"平均"才是平均主义的核心。每户家限饲养五只母鸡、两头母猪，种植桑树，衣服自给。每二十五户设两司马，两司马收取剩余生产物实行管理。这是因为，

> 盖天下皆是天父上主皇上帝一大家，天下人人不受私，物物归上主，则主有所运用，天下大家处处平均，人人饱暖矣。

这种"平均"状态就是小农经济的自给自足社会，而且"不受私"——完全否认私有经济。否认"私"，是"平均"的一个重要的内容。

以二十五户为单位的组织中，设有国库和礼拜堂，国库和礼拜堂均由两司马掌管。这是经济与宗教一体化的社会，结婚、教育以及裁判也由两司马掌管。当诉讼发生纠纷无法解决问题时，则通过上述的金字塔等级组织，最后上报至天王，由天王

裁决。"平均"是由国家官僚体制维系的，因此，当官僚犯法，有过错时就会受到"黜为农"的处罚。"黜为"意味着"平均"的社会是君临"农"或"民"之上的社会，其以"官"的存在为前提。

《天朝田亩制度》规定了官员的补任及推举制度。这个制度从两司马开始，通过金字塔等级组织最后呈报天王。天王定夺后向下传达。"凡滥保举人者，黜为农"，即滥保举人者与官僚犯法同罪。而且，每三年一次对官员业绩进行审查，或晋升或降黜。

在军事组织方面，"军"是基本单位。每一万三千一百五十六户设一军帅，其下有五名师帅，师帅之下设五名卒长，卒长之下设四名两司马，一"军"设一百名两司马。两司马之下设伍长，伍长统领四名伍卒，一"军"有一万三千一百五十六名将士。《天朝田亩制度》规定有妻儿三至九人的家庭必须出一名士兵，这是每户出一名士兵的制度。

众所周知，太平天国以基督教义为意识形态。《天朝田亩制度》的最后部分规定了有关宗教的制度。礼拜堂设在两司马之下，两司马在安息日赴礼拜堂讲圣书教化民众，同时还要考察人们是否遵守天条（根据摩西十诫制定的基本戒律），是否勤奋。

《天朝田亩制度》还规定了"其余鳏、寡、孤、独、废疾免役，皆颁国库以养"的福利制度。

太平天国的"天朝田亩制度"以土地制度为核心，同时包括了社会、教育、司法、官员任免、军事、宗教、福利等方面的内容。有不少人认为这是模仿清朝的军事制度。事实上，《清史稿》也把它归入《兵志》。不过，努尔哈赤制定的八旗制度是有关社会整体的国家制度，这一点从孟森的著作《八旗制度考实》可以看得出来。如果我们不拘泥于名称来考察"天朝田亩制度"，可以断定，与八旗制度一样是国家与社会的基本制度。那么，为什么要命名为"天朝田亩制度"呢？因为这个制度表达了农民希望平均地权和平均分配的愿望。

然而，平均土地的目标并未实现。颁布"天朝田亩制度"的第二年即 1854 年，太平天国强制实行了"照旧交粮纳税"，即沿用以往地主征收地租的办法。为何平均地权无法推行呢？过去对此有各种推测，例如，与清朝进行军事对抗的严峻形势无法进行土地测量，即使进行了测量，也无法对土地实施有效控制等等，所以不得不"照旧交粮纳税"。其实，"一切照旧"原因就在"天朝田亩制度"里。

"天朝田亩制度"并非仅仅规定了土地制度，而且是以土地制度为基础勾画的国家制度与社会制度，这个制度是以严格区分官民为前提的，这不是"一切照旧"，又是什么呢？事实上，在太平天国里，早已经实行"一切照旧"了。

> 自窃占江宁，分兵攻陷各府州县，遂即其地分军，立军帅以下伪官，而统于监军，镇以总制。监军、总制皆命于伪朝，为守土官。自军帅至两司马为乡官，乡官者，以其乡人为之也。（张德坚《贼情汇撰》卷三《伪守土乡官》，文海出版社 1966 年版）

与太平天国敌对的清朝已经掌握了"天朝田亩制度"中由天王至两司马的官僚体系的有关情况。不少研究者认为"天朝田亩制度"只不过是乌托邦。暂且不论土地是否能够平均，以官、民关系为前提的官僚制是可以实施的，而且已经实施了，这是不可否认的，因为这就是实行"一切照旧"的做法。

如果我们离开僵化的先入之见或意识形态来重读《天朝田亩制度》，就会发现，这里存在着难以置信的矛盾：平等与特权同时存在。而且，特权作为官僚体系是现实的，是可以实现的，相反，土地的"平均"则是空想，是无法实现的。

因此，"天朝田亩制度"规定的各项内容不可能完全实施，假设得以完全实施了，社会就会出现下面的状况。

首先，民或农民的生活完全被束缚在土地上，尽管生活不富裕，但基本生活还是有保障的，甚至还有剩余部分。剩余产品由国家掌管，有需要时平均分配。这是一个完全自给自足和单纯生产的世界，在这里，不需要手工业和商业。事实上，太平天国攻下南京后，就禁止私人商业活动，手工业全部由国家接管。然而就在制定"天朝田亩制度"的第二年实行了"交粮纳税一切照旧"后，轻视手工业和商业的做法开始出现破绽。"天朝田亩制度"下的社会是农民生活在平静而缺乏流动性的小农社会。那么，这一社会是如何将社会网络组织起来的呢？官员承担了此项职能。

其次是官僚系统。太平天国少不了连接农民小社会的网络，以天王为顶点的国家官僚系统发挥了这一功能。这个官僚系统是一个金字塔，从天王到两司马的组织非常严密。这个官僚金字塔依靠军事力量或行政力量来维持。但在"天朝田亩制度"里，主要依靠信仰实现等级化。民过着谨慎而规矩的生活，官僚也过着禁欲主义的生活。太平天国至少在表面上是实行禁欲主义的社会，这一点已被许多观察者注意到。禁欲主义是维持官僚权威的基础。

在"天朝田亩制度"下，小农生产水平的平等和官僚垂直的权威是互补共生的关系。

四

1980 年《历史研究》第一期发表了董楚平《论平均主义的功过与农民战争的成败》一文，作于 1979 年 8 月 20 日，距离上一年 12 月召开的中国共产党第十一届三中全会不到一年的时间。十一届三中全会确定了中国现代化路线，公开质疑"文化大革命"。

"平均"在"文化大革命"里找到了最好的共鸣箱。这是因为

> 平均主义是能够迷惑人的，它有极左的嗓子，"革命"的彩衣，钻石般的光芒——"理想的光辉"。

董楚平将与平均主义关系密切的李自成和洪秀全跟明朝初期的皇帝朱元璋进行了比较。他说：

> 农民起义的领袖，要么失败，要么胜利而当皇帝，舍此没有第三种选择。当然，朱元璋其他方面的错误和缺点，他皇帝当得好或坏，都是可以分析评论的。但是当皇帝本身是没有什么可以指责的。相反的，李自成与洪秀全应该当皇帝而没有当成，倒是应该批评的。

他还说：

平均主义只反映劳动人民追求平等的愿望，却不能真正代表他们的利益；封建制度虽然是一种剥削制度，不代表农民的利益，但比小生产者的幻想要优越。一个最粗糙的窝窝头，也比最漂亮的画饼更有用。

这是刚刚从闪耀平均主义"理想光辉"的"文化大革命"时代里走出来的人们说出来的话。文章作者还说：

平均主义之风，使很多人患了流感，作者也发过这种高烧。

这篇论文曾引发了人们对平均主义的争论。在争论过程中，了解到事实的许多人感到震惊，他们过去一直认为"平均"就是农民所说的平等。令人们感到震惊的原因是，"平均"的另一副面孔是特权。

对于处在"平均"涡旋中的人们尤其是农民来说，"平均"首先意味着平等。我不知道平均主义在日语里如何翻译才好，如果翻译成英语就是 egalitarianism，没有其他译词。中国的传统社会里的平等，与在近代社会所理解的平等并不相同。人们对平等有非常强烈的追求，这种追求是否与孔子所说的"不患寡而患不均"有关还不好说，但中国人对平等非常敏感。这种对平等的敏感情绪在一定的条件下，即在平等受到严重压抑后，将像火山爆发似地迸发出来。

"平等"的第一特征，是对平等的狂热。这种狂热来自人们发自内心对土地的渴望。郭毅生对"天朝田亩制度"无法实施的理由作了如下分析。他说：

如果平均分配了地主的土地，必然会燃起农民十倍的狂热和百倍的复仇心，对地主进行反击。太平军的活动在太平天国统治区及全国范围内造成了巨大的负担。(《太平天国经济制度》，中国社会科学出版社 1984 年版)

这种狂热正是太平天国力量的源泉，虽然这无法成为阻碍"天朝田亩制度"实施的原因，但是平均分配土地引发农民的狂热却是事实。如前所述，在"天朝田亩制度"下，农民过着基本停滞的小农生活，与"平均"带来的狂热形成很大的反差。那么，狂热从何而来？狂热来自明显的不平等感，并依靠不断消除不平等的运动来维持。也就是说，平静而停滞的小农式平等生活不可能维持"平均"，只有在不断对产生不平等的地主阶级的斗争中才能维持下去。即，"平均"无法存在于静态的社会，只有在动态的社会中才能找到其存在位置。具体地说，要实现"平均"，就必须对地主积累的剩余财富进行平等的分配。南宋的钟相、杨么起义时打出的"等贵贱、均贫富"的口号就是这样的例子。他们还有另一个口号"劫财""均平"(徐梦莘《三朝北盟会篇》卷一三七，大化书局 1939 年版)。"劫财""均平"的意思是夺取剩余财富进行平等分配，这就产生了"流"即所谓的流寇主义。如龚自珍所说的"山中之民"那样，渴望平等的农民一般住在"乡"里，"城"里则一般是积蓄剩余财富的地方。要夺取剩余财富，就必须攻入城墙里的"城"。在中国的传统社会，"城"有时也具有商业功能和生产功能，但商业功能和生产功能并不是"城"的必要条件。"城"之所以为"城"，在于其行政功能和保护剩余财富的治安功能。因此，当农民攻击"城"时，政府就会派遣军队保护，农民与政府军队之间猫捉老鼠的游戏就是这样开始的。农民一般采取击球和跑垒的战术，集中兵力攻"城"，夺取"城"里的剩余财富平等分掉，政府军队赶来时，立即逃走。当追赶的政府军队陷于疲惫时，他们又集中兵力攻击政府军队。这是世界史上罕见的持续时间最长、涉及范围最广的农民战争。采用流寇主义战术的李自成的部将罗汝才很自豪地说："吾等横行天下才是快事，何必据土称王！"

对剩余财富的劫掠和平均分配是维持农民革命的财政基础。李自成的"追赃助饷"和太平天国的"打先锋"，都是以没收地主的财富来巩固农民军的财政基础，以此保证平均分配的实施。

现在，平均主义用通俗话来说，就是"吃大锅饭"，"吃大锅饭"与"铁饭碗"都是"权"体系的一种体现，是当今中国社会的弊端。董楚平的论文一石激起千层浪，在1981年举办的太平天国起义130周年纪念学术讨论会上，有与会学者围绕平均主义展开激烈讨论。王戎生在此次研讨会提交的论文里有如下一段论述：

　　他们（指太平天国的英雄们）对长达数千年的贫富差别这一社会顽症进行起死回生的大手术。但是，结果出人意外地引起社会生活及经济生活的混乱。粮食供给中断，不要钱的"大锅饭"不足以果腹，只能平均地喝稀饭。"一概平均"化的结果并没有给任何人带来自由自在的生活。……因此，最终还是"交粮纳税一切照旧"。（王戎生（戎笙）《如何看待太平天国的平均主义》，收入广东太平天国史研究会、广西太平天国研究会编《太平天国史论文

集》，广东人民出版社、广西人民出版社 1983 年版）

当王戎生提到"一切照旧"时说，其实"一切照旧"早就存在了，在"交粮纳税"之前，就存在着君主专制与"封建的"权力金字塔这一"一切照旧"的制度。王戎生只是把"喝稀饭"问题与"一切照旧"的君主专制、"封建的"权力金字塔一起列举而已。但实际上，平均分配必然产生喝稀饭，这与君主专制、"封建的"金字塔权力即特权紧密关联。

只要实施"平均"即"吃大锅饭"，必然会出现最低水平的平均与特权。这是为什么？

"吃大锅饭"时，剩余财富的确是平均分给了农民，但是，这是依赖掌勺者掌握分配"权"为前提的。在"吃大锅饭"的情况下，首先要有这个"权"的体系为前提条件，这一点请务必牢记。其次，"平均"最终要走向毛泽东所批判的绝对平均主义。绝对平均主义是"平均"的本质，这不是领导人批判了就可以预防的问题。因为"大锅饭"中的平均分配只要不是绝对的平均分配，就无法保持分配体系正常运作。平均分配并非社会全体财富的平均值，而是最低水平上的平均分配，就是在啃窝窝头、喝稀饭水平上的平均分配。以最低值进行平均分配时，就意味着掌握分配"权"的人掌控着巨额财富。因此，在平均主义的社会里，会同时存在表面上清教徒式的禁欲主义及其背后隐藏的不受限制的浪费现象，这些被浪费的部分以诸如国家、军事上的需要等名目加以掩盖，这些名目只是为了制造掌握"权"的人与一般农民截然不同的"平均"的前提。在这一社会里，相对于"利"，人们通常更重视"权"。

例如，在太平天国里，洪秀全主张男女平等，这不是仅仅简单地停留在一般原则上的男女平等，"天朝田亩制度"中还规定了男女经济上的平等。然而，洪秀全公布了《多妻诏》，《多妻诏》里有如下内容：

> 今允东王西王各十一妻，自南王至豫王等各六妻，高一级官员三妻，中级官员二妻，低级官员以及其余人等各一妻。自高而低，依级递减。上多下少，切莫妒忌。

至于洪秀全本人到底有多少妻子，在《多妻诏》里并不清楚，有人推测是 88 位。在男女之间严格平等与"权"的体系里，妻子人数的等级顺序与 egalitarianism 的平等主义是水火不相容的。批判平均主义的人常常批评道，平均主义是一边高唱平等理念，一边大搞特权。不过，实际上，特权蔓延的现象是不能简单地解释为腐败的，而是平均主义本身固有的问题。如果不以先入之见阅读史料便可知，在历史上，尤其是在太平天国里，可以看到各种特权。也许人们会解释说，这些腐败现象是受到地主阶级的腐蚀而产生的。然而，"平均"的悖论就在于，特权与平等毫无矛盾地共存一处。前面已经指出，最低水平的平等为特权提供了物质基础。在"平均"里，平等与特权共存，最终走向特权的社会基础是什么？

前面提到过，中国传统社会中存在着官僚、地主、家长、读书人"四位一体"的结构，依靠真理和道德这两个轮子建构起相互适应的体系，这是其统治原理。但这个体系是建立在带有血缘特征的家长权威的基础之上的，李大钊对此作过精辟的论述。他说：

君臣关系的"忠"，完全是父子关系的"孝"的放大体。因为君主专制制度，完全是父权中心的大家族制度的发达体。（《李大钊选集》，人民出版社1959年版）

"平均"里的平等与特权之间的这一悖论，与李大钊所说的家权威有密切的联系。"天朝田亩制度"中空想的自给自足社会只能是以家为主体的小农社会，平等并不针对每一个人，而是针对家而言的，即，试图彻底实现由家长的权威组成的家与家之间的平等，换言之，是以"特权"为前提的平等，这就是平均的本质。

因此，在"平均"中，毫无争取平等的权利，平等是权威赐予的。"吃大锅饭"时，即使是在喝稀饭的情况下，并非每个人都能平等地获得，而是由掌勺人即握有一定"权"的人给予的。"天朝田亩制度"中的金字塔结构就是这个"权"体系。

正如早有学者所指出的那样，中国的农民战争总是与皇权主义形影相随。董楚平说李自成、洪秀全都没有当上皇帝，这个说法似乎并不准确。李自成、洪秀全是名副其实的皇帝。他们之所以能当上皇帝，就在于他们赐予农民平等，"平均"里的平等只能由权威赐予。

农民战争中的权威体系有两种类型，一种是起义开始时建立的，另一种是起义过程中逐渐形成的，太平天国属于前者，李自成则属于后者。前者中"流"的因素较少，后者"流"的因素更多。"流"与流寇主义有联系，更值得注意的，是"流"与意识形态的色彩浓淡差异之间的关系。李自成领导的农民战争极其罕见地缺乏宗教色彩，而其流寇主义特点显著。太平天国在中国的农民战争史上是宗教色彩浓厚的，也具有意识形态性。即使如李自成的农民战争那样缺乏宗教色彩，也能形成皇权主义的权威体系。权威体系借助宗教与意识形态的羽翼，常常会得以腾飞。

对中国农民战争与宗教的关系，迄今为止有许多论述。一般而言，在中国，早期的农民战争多与道教相结合，后期的农民战争多与白莲教、摩尼教相结合。这些宗教大都带有土俗色彩，大多难以与儒教的合理主义学说相抗衡。朱元璋是农民战争成功的例子。朱元璋很早就放弃了起源自摩尼教的明教，改换依据儒家思想，这是朱元璋的农民战争取得成功的原因。不过，就算是成功的农民战争，其作用仅限于建立新的王朝。就宗教与农民战争的关系而言，太平天国的农民战争与之前的农民战争有着截然不同的特点。的确，在太平天国基督教中也隐藏着土俗色彩的成分，但基督教完全压倒了土俗成分，在理论上也具有压倒儒教教义的优越性。太平天国的悲剧在于，这一理论的整合性为平等提供了理论依据，同时成为权威体系的保护神。"平均"并非一定以宗教、意识形态为必要条件，但是如果获得了宗教、意识形态的助力，"平均"的威力便得以倍增。当宗教或意识形态为"平均"提供有力的理论依据时，赐予平等并保障平等的权威体系就获得了有力支持。具有讽刺意义的是，克服土俗性并能抗衡儒教教义的宗教与意识形态并非来自传统社会，却是在接触近代世界的过程中获得的，太平天国的基督教就是一例。换言之，传统社会与近代社会是对立的，而产生于传统社会的"平均"在与近代世界接触时，才能以完整的姿态登上历史舞台。黄巢的"均平"、李自成的"均田"在史料上是孤证，其与现在人们理解的平均主义是否一致并不明确。当太平天国披上基督教这一外衣时，平均主义就明白无误地以《天朝田亩制度》的方式出现于历史中。

前面已经提到过"平均"到底是赋役的均等还是拥有土地的均等的论战。前者所说的只涉及表层，后者则是深层的，这是本文提出的假说。税赋的均等是由国家主持、即以官这一特权体系为前提条件的政策性调整，孔子所说的"不患寡而患不均"的传统为这种政策性调整提供了可能性依据。然而，在地主制之下，土地所有的运行法则经常会破坏这种政策性调整。即便只是政策性调整，在支撑地主所有制的意识形态儒教体系中，"平均"观念也在其中占有重要地位。

农民战争中出现的"平均"以国家系统与官僚特权体系为前提。因此，官僚制与平均主义是在同一土壤上生长出来的双生花。

生长双生花的土壤的特征，是以父子关系的权威体系为根基的小农生产家庭单位，官僚制体系这一权威体系则将分散的家庭纳入其网络之中。批判"平均"的声音由来已久，但这些批判大多依据"平均"中的平等理念来批判"平均"所带来的特权现象。然而，平等与特权跟近代观念的 egalitarianism 是水火不相容的，在"平均"的思想里，平等和特权的问题如同一枚硬币的正反面。因此，要克服"平均"，重要的不是从平等的角度去批评特权，而应当改造产生"平均"的土壤。平均主义与特权即官僚制至今仍植根于中国人的内心深处，如同在地上开的花不会意识到根底的土壤一样，也不会意识到"平均"的土壤问题。这正是"平均"难以克服的原因所在。

（原载《学习院大学文学部研究年报》
第 35 期，1989 年 3 月 20 日）

辫发考

一

历史上某些微不足道的偶然事件或被历史潮流推动，或随历史潮流漂流；或成为新世界诞生的契机，或引发旧世界的崩溃，这些偶然事件常常被作为"大事件"载入史册。本文要讨论的不是这样的偶然事件，而是一种偶然发生却不足为道之事深藏在人们内心深处的秘密，当这些秘密被暴露于光天化日之下，唤醒人们的历史记忆时，能使人们清楚地看清未被意识到的日常世界，透视到其背后的文化本质。

1900 年的夏天就发生了这种不足为道的偶然事件，这在北京被认为是很平常的一件事。这一年的五月（农历，下同），义和团悄悄进入北京城，包围了外国人居住地。八国联军（英国、美国、法国、沙俄、德国、奥地利、意大利和日本）采取了解救这些外国人的军事行动，于七月二十日到达北京，联军占领了北京。北京市民的几位目击者将眼前发生的一连串混乱场面写入了日记，其中一位姓名不详、但字为"仲芳"的市民写下了《洋兵进京逐日见闻记略》（即仲芳氏《庚子记事》，收入中国社会科学院近代史研究所编《庚子记事》，中华书局

1978 年版）。下面我们根据《庚子记事》的记录，看看"洋兵"占领北京时的情形。

七月二十三日，"京城内外地面街道，各国洋人分界管辖与上海、天津租界相仿……最苦莫甚于住户之房，洋兵蜂拥而入将居人无论男女驱逐，空手而出，衣饰财物，丝毫不准携带，合门财产并为洋人所有。更有奸留妇女，戕杀男人者。……各街巷哭嚎之声，遍处皆同。"虽然这些是可以记入历史的事件，但在漫长的中国历史中，这不过是在某时某地经常发生的普通事件。在二十三日的日记里，以下文字记述了 1900 年北京市民的反应。

> 各国既定分界，凡在界内之铺户住户，不拘贫富，各于门前插白布旗一面。居住某国地界，旗上即用洋文书写"大某国顺民"。又有用汉文写"不晓语言、平心恭敬"贴于门前者。又有按某国旗号样式，仿做小旗，插于门前者。

幸运的是，作者仲芳的邻居有人懂英语，作者求此人用英语写了"大美国顺民"。不过，作者还是感到不安，又要求此人又用英语写了"此户系安善良民，乞勿骚扰"，然后贴在门上。举白旗和占领军的旗，张贴似通非通的外语，表达了被占领者保护自己生命财产的意志，这在历史上都是习以为常的事。然而，这一年发生在北京的这些不足为道的事件，却在人们的心里产生了微妙的冲击。它是由"顺民"这两个字引起的。

1900 年的北京市民为什么不仅用汉字写了"大某国顺民"，还用似通不通的外国文字书写张贴？这是因为当时的大街小巷流传着这么一种说法：有一位从八国联军占领下逃离出来的市民"闻说用白布一方,上书'大日本顺民'字样,挂于门外,即保相安无事"(《庚子洋兵入京记》,选自《昌平王熙亭治家创业记》,收入《庚子记事》),有人推测这个传闻来自天津。因为"今日本兵至天津,民亦执旗以迎,书'大日本顺民'四字"(原文如此)(《国民报汇编·顺民》),人们认为日本人懂汉字。

我们将这一不足为道的事件命名为"顺民旗事件",这类顺民旗事件后来一再次发生。1900 年的义和团事件发生之前,俄国曾派军队进入东北地区,此事引发了后来的日俄战争。而且,反抗俄国占领东北的"拒俄运动"为激发辛亥革命发挥了很大的作用。在顺民旗事件发生地的东北地区也出现了顺民。与鲁迅关系密切的《浙江潮》记者对出现在满洲的顺民表示深深的感叹。

> 顺民!顺民!!顺民者,自愿为他人之驯奴之变称也。庚子一役,八国联军破我首都,尚未旬日,而顺民之旗已遍地皆是矣,则又何怪乎今满洲之一般人民,莫不摇尾乞怜,心悦诚服,以求为大俄国之顺民哉。
>
> ……
>
> 呜呼,顺民!顺民!!岂仅北方一发现居住满洲之民一降顺而遂已哉!吾恐他日列强联袂而起,按其势力范围地域,图瓜分吾四千余年祖宗遗传之宗土,则"顺民!顺民!!"之声将弥漫于十八行省矣。(《浙江潮》第八期"所闻录"《俄国之满洲顺民》)

顺民就是自己主动想当他人奴隶的人,不用说,这些人的存在会直接导致亡国。

事件追溯到 1900 年义和团事件发生前的五年，中国在与日本的战争中吃了败仗，是为日清战争或中日甲午战争。此后，中国面临着帝国主义列强侵略和瓜分的危机。1895 年的败仗引发了救亡与改革的运动——戊戌（1898）维新运动。改革运动受挫后，华北一带的农民揭竿而起，是为义和团运动。"顺民"事件发生在义和团运动发展到高潮、遭到帝国主义列强干涉之后。对中国而言，顺民旗的出现是一个即将亡国的不祥之兆，也唤起了人们更多的历史记忆。作为一个根本性的追问，这个历史记忆又返回到清朝体制下的中国的现实中去。

> 昔清师入关，声威所至，民莫不执旗以迎，书"大清顺民"四字。今日本兵至天津，民亦执旗以迎，书"大日本顺民"四字（原文如此）。然则中国之民，固惯为顺民者矣。（《国民报汇编·顺民》）

1900 年的顺民旗事件唤醒了人们对 1644 年发生的顺民事件的记忆。

《浙江潮》第九期刊登了一篇笔名为匪石的《顺民历史》的文章，这是对义和团事件以后有关顺民问题的最得要领的论述。作者设问"中国之民到底从何时获得'顺'之谥号"？答案是二百余年前"始于李自成攻破明京城之时"。

> 明崇祯十七年三月，李自成既入明北京，改元永昌元年，国号大顺。其臣刘宗敏传谕城中百姓曰："你百姓毋得惊惶。你们须用黄纸，写'顺民'二字，粘贴门额上及

门首，即不杀。"于是，百姓皆执香跪迎，门口粘贴"顺民"二字。……

顺民的来历可以追溯到李自成的国号大顺，其后，顺民成了表示"降民"的一般说法。作者举了三则例子进行说明。

1. 清豫王兵南下江南，攻略南都（南京）时，忻城之伯赵之龙率诸臣率先降伏。赵向百姓家下令设香案，在黄纸上写"大清皇帝万岁"和大写的"顺民"二字，贴在门的左侧。

2. 江阴城即将陷落时，降将刘良佐准备投降，要求城中官吏士民"数十人举顺民旗，做薙头（满洲人特征的辫发）巡回城墙引兵。"

作者在这里将顺民旗与剃头并列一起，这一点在本文后面具有重要意义，请读者留意。

3. 在庚子北京之变……八国联军会师攻城，攻破天津和北京时，人们均举着"扶清灭洋"旗帜改服易帜，又出现了大字书写的"大英国顺民""大法国顺民""大美国顺民""大德国顺民""大日本国顺民"。

这种顺民的存在说明"中国两千年来"一直生活在"暴主专制政体下"。因此，为"中国未来的国民"着想，必须除去"顺"之一字。这是因为在"国"与"民"之间插入一"顺"字，就是"甘当奴妾之意"。

由此可知，顺民旗的出现对中国人，尤其是对知识分子造成了心理上的各种冲击，顺民旗是在专制体制下养成的奴隶根性的体现，是亡国的前兆。不过，顺民旗也只是被外国军队占领这一战时状态下的现象，并不意味着人们平时一贯表现出奴性。不过，举顺民旗此时已经成为生活中的一部分，因此仿佛一面镜子突然摆在人们面前，照出了平时无法察觉、潜藏于人们意识深处的奴性。

鸦片战争失败后，中国遭受了重大打击。对清朝官员和"顺民"来说，中国依然是"天朝"，外务依然是"夷务"。第二次鸦片战争（即所谓"亚罗号事件"）失败后，"夷务"被换成了"洋务"。其实，一切照旧，长达两千年根深蒂固的"天朝"意识并没有因此瓦解。给予"天朝"意识沉重一击的是甲午战争。"天朝"意识的崩溃不在中国的中央而在其周边、不在上层而在下层出现。具体地说，出现在被称为"猪仔""猪花"的苦力、出门打工的侨民和部分留学生中。他们在日常生活中目睹了中国的国际地位急剧下降。例如，在日本，中国已经不是"上国"了，日常称谓已经不是清国，而是"支那"；每个人都算不上二等国民或三等国民，而是带着被视作下等国民的凭证——辫发。"猪尾奴"——这是中国人每天不得不面对的形象。

这种将辫发垂于脑后带来的苦痛，让人们清楚地意识到了过去当天朝顺民时没有思考到的"国民性"。1902 年留学日本的鲁迅常常对友人说应当探讨国民性之类的话，这是因为留辫发给人带来的痛苦太深，这是因带辫发而感到痛苦的人们的共同意识。由此窥见留辫发的人们所遭受的伤害之深，这些伤害至今仍给人们留下无法愈合的伤痛。

这一时期，人们为了描述中国的国民性而把日本设立为参照对象，所描绘日本的具体形象时，常常会用到明朝时期的倭寇——穿着兜裆布、腰上别着日本刀的丑陋野蛮人的形象。从建立在礼与礼意识的文化看，得出这种形象是很自然的，天朝意识使这一形象愈发夸张。可是，中国的国民性往往通过与

"近代"日本的对比加以褒贬。日本人的形象与那种盛气凌人、相貌和语言迥异、突然将未知文明带到了中国的西洋人不同，这些长着同样面孔、受到天朝恩惠而使用汉字的"夷狄"，使得中国人受到的伤害更深。那时在日本，留着辫发的中国人都以惊讶的眼光来看待日本的草鞋、木屐、桌子等日用品，还有茶道、踢球游戏以及礼仪等。精通古典的中国人发现在日本看到的日常生活中的一个个行为习俗都源自于中国的古代传统。刊登于《浙江潮》出自英伯之手的文章《不图今日重见汉官仪》（第七期"杂文"）一文也应该放在这样的文脉来解读。随笔的行间有如下几句：

> 蛮风遍羽，汉家之仪制何存？
> 猪尾低垂，唐代之冠裳莫问！

猪尾——吊在脑后的辫发，贬低了中国的传统，使人联想起中国人 260 年前的屈辱。

二

> 张伯松，巧为奏，
> 大蠹高牙拥前后。
> 罢将印，归里中，
> 东国有兵鼓逢逢。
> 鼓逢逢，旗猎猎，
> 淄川城下围三匝。
> 围三匝，开城门，

取汝一头谢元元。

这是顾炎武作于 1647 年的诗《淄川行》（《顾亭林诗集》卷一，上海古籍出版社 1983 年版）。淄川是济南府下的县名，现在属淄博市。这首诗是为淄川人孙之獬（？—1650）创作的。《清史稿》有记载：

> 孙之獬，山东淄川人。明天启进士，授检讨，迁侍读。以争毁《三朝要典》入逆案，削籍。

孙之獬是一位在明末党争中经历多次沉浮的官僚。"顺治元年……土寇攻淄川，之獬斥家财守城。"清廷因该功绩授予他礼部侍郎一职。他又因在某一战役的表现而升任兵部尚书，后来被弹劾剥夺了官职。

> （顺治）四年，土寇复攻淄川，之獬佐城守，城破，死之。诸孙从死者七人，下吏部议恤。（赵尔巽《清史稿》卷二四五"列传"三二，中华书局 1977 年版）

从《清史稿》的记载来看，孙之獬是在明清两朝任职的普通官僚，似乎不像是能被顾炎武写入诗中的人。不过，他"迁侍读""入逆案"，据其他资料，是因为向阉党（与东林党相对立的宦官一派）献媚才获侍读之位的，他是一位为获取身份地位向宦官卖身的人。进入清朝时，孙之獬为了自身的地位向满洲人献媚，这没有什么奇怪。献媚与辫发密切相关，因为这个原因，顾炎武把这个不足为道的人写入诗中。下面我们解释一下顾炎武的诗。

"张伯松，巧为奏"中的张伯松，据《汉书·王莽传》的记载，他未参加过战争，只因写了奏文就被封侯，因此，长安人传出"力战斗不如巧为奏"的说法。这个说法完全可以用在孙之獬身上。《研堂见闻杂记》（王家祯著，文海出版社1984年版）有如下一段文字：

> 我朝之初入中国也，衣冠一仍汉制。凡中朝臣子，皆束发顶进贤冠，为长袖大服，分为满汉两班。有山东进士孙之獬，阴为计，首薙发迎降，以冀独得欢心。乃归满班，则满以其为汉人也，不受；归汉班，则汉以其为满饰也，不容。于是羞愤上疏，大略谓陛下平定中国，万事鼎新，而衣冠束发之制，独存汉旧。此乃陛下从中国，非中国从陛下也。

最后，"大纛高牙拥前后"。具体而言，就是孙之獬获得兵部尚书头衔，赴九江招抚南方汉人，后遭弹劾，官职被剥夺。于是"罢将印，归里中"。"东国有兵鼓逢逢"，说的是他在其乡里山东遇见了起义的农民。"鼓逢逢，旗猎猎，淄川城下围三匝"，说的是他居住的淄川城被包围得水泄不通。"围三匝，城门开"，最终城门被打开了，"取汝一头谢元元"，是说向善良的民众谢罪。《研堂见闻杂记》记载了孙之獬死的情况。薙发令下，汉人遭受了无法言说的痛苦，没有一人不切齿扼腕，此"皆之獬一言激之也"。

> 原其心，止起于贪慕富贵；一念无耻，遂酿荼毒无穷

之祸。至丁亥岁，山东有谢迁奋起，攻破州县，入淄川城，首将之獬一家杀死，孙男四人，孙女、孙妇三人，皆备极淫惨以毙。而之獬独缚至十余日，五毒备下，缝口支解。嗟乎！小人亦枉作小人尔。

看来孙之獬是一位有做顺民即做强者奴隶的意愿，为保住自己的官位也会主动接受辫发即异族风俗的人。1644年，顺民与辫发同时出现在北京时，就出现了"异种之忠奴"（《湖北学生界》第五期《日本与支那》）。

1644年，北京出现了顺民旗。这里根据当时的资料看一看顺民旗事件。当年三月十二日，在北京西北的宣化府"突报贼（李自成）从南门入城。城门装饰有颜色的绢或木棉，以表示庆贺之意，百姓皆在胸前绣顺民字"（冯梦龙《燕都日记》）。同年三月十九日，从北京西门涌进来的数百难民，对北京市民说："无事了，无事了，彼等（指李自成军）不杀人。请立即将顺民二字贴于门表。"（赵士锦《甲申纪事》，中华书局1959年版）在王朝更替频繁的中国，人们大概对此顺民二字并无反感。为了保护生命财产，采取这样的行动是很自然的。不过，此顺民旗事件之所以在两百数十年之后被当作奇异事件再度提起，是因为此顺民意识将辫发垂吊在中国人脑后了。

满洲人也留辫发。在释元应的《一切经音义》卷十五（商务印书馆1936年版）"辫发"条里有如下解说："《说文》曰：交辫。《通俗文》曰：辫，辫织也。"即将头发分成三等分编成一条辫子。编这种辫子在中国西南地区是极普通的习俗。如果满洲人强制留的辫发是这种辫发，那么就不会发生此后的悲剧。然而，满洲人强制留的辫发是剃光四周头发，留长剩余部分的头发，再分成三等分编成一条辫子，这是满洲民族自古以来的习俗。满洲一语原本为文殊菩萨的文殊之方言曼殊，这是满洲的由来。最初的民族名在古时是肃慎，是女真的同音异字（孟森《满洲名义考》，收入《明清史论著集刊续编》，中华书局1986年版）。女真在中国历史中曾两度建立王朝，即金和清。这两个王朝都将其民族象征的剃光四周头发留辫发的习俗强加给了汉族。

> 金元帅府禁人汉服，又下令髡发，不如式者杀之。（李心传《建炎以来系年要录》卷二十八，中华书局1956年版）

"髡"是"去发"的意思，是古代的一种刑罚。自称满洲人并建立清朝的女真人没有放弃这一习俗，他们强制中国人接受"薙发"。"薙"发音"ti"，是"剃"的意思。"薙"这一字之差不知要了多少中国人的命。剃发并非涉及形状丑陋这样审美趣味高低的问题，而是与中国文化的核心"礼"有冲突。"身体发肤受之父母"，无故损毁之即为不孝。对中国人来说，不孝是最大的罪过。"砍头事极小，辫发事极大"（徐鼒《小腆纪年》卷十四）中国人忌讳的不是"辫"一字，而是"薙"一字。围绕"薙"一字，满汉两个民族进行了明里暗里的较量，如何对应这一个字，拷问了人们的真实价值观，甚至是文明的价值观。丑陋的奴隶根性被不断曝光于光天化日之下。这既是一大悲剧，也是令人忍俊不禁的喜剧的开端。

满洲人执意薙发，而礼的文化则坚决拒绝。满洲人以异族强者姿态君临于汉人之上，于是便有了向强者表示归顺的奴隶。具有讽刺意味的是，这种意识也是礼文化熏陶出来的。将薙发作为民族标志的满洲人随着顺民势力的消长来缩小或扩大薙发令的执行范围,至顺治二年(1645)发布《薙发令》时,才硬性规定必须薙发,在此之前,薙发的执行时紧时松。

满洲人对在自己建立的国家里实行薙发并无丝毫顾虑。主动或者被迫向满洲表示归顺的明朝官僚薙发也是很自然的事。满洲人在推行薙发上摇摆不定,与已经处于满洲军事统治下的汉人能在何种程度接受薙发有关。天命六年(1621),满洲还是金(后金)的时代,努尔哈赤(后被尊为清太祖)向人民发表了《汗论》。此时努尔哈赤以破竹之势席卷了中国东北部,然而镇江人没有薙头,也未归顺。

> 且河东所有辽东地方人,皆已剃发降服。明帝及其国人岂不知耶(明朝已经知道辽东人可以薙头归顺金一事)?既已闻知,倘仅以尔等拒不薙发归顺之故,而发兵剿杀,则明帝及其国人岂不笑我嗜杀耶?……尔等则皆薙发归降。如此则已。(《满文老档·太祖》卷二十一,引自周远廉《清朝开国史研究》,辽宁人民出版社1981年版的汉语译文)

崇祯十七年(1644)三月,家家户户在门上写上顺民字样,不过,这与二十多年前的薙发一样,起到了表示归顺的作用。

其后,各地出现了许多主动或者被动的薙发者。为清朝建国立下巨大功绩的洪承畴也非常纠结,最后不得已而薙发。后来对中国命运密切相关的吴三桂的例子更具戏剧性。1644年李自成占领北京,并前往山海关讨伐正在与清军对峙的吴三桂,吴三桂处于被四面包围中，陷入进退两难的境地。

于是吴三桂"突围出外城，驰入清壁。见九王，称臣，遂髡其首。"这样，吴三桂成了九王（清摄政王多尔衮）的前锋。"三桂复入关，尽髡其民，开关延清兵入"（《海滨野史辑》，《建州私志》下卷）。据守山海关的吴三桂归顺清朝，以及清朝与吴三桂联手击破李自成大军，这两个事件是北京市民在一年当中先后两次遭到的灾难。上一次是在李自成占领后，北京市民不得不成为顺民，这一次是在清军占领下被强制薙发。

李自成的农民战争摧毁了明朝，吴三桂的归顺则意外地为满洲人铺平了征服道路。北京就在眼前，进入北京就是天朝——世界中心的中国。在此之前，满洲人的目标只是在山海关以东的地区建立与明对等的国家，能在山海关以东区域内让自己的臣民薙发留辫就很满足了。然而，吴三桂薙发归顺后，事态急剧变化。

当时清朝的皇帝（即后来的顺治帝）尚未成年，由皇叔多尔衮摄政。多尔衮即将占领北京以及全中国，其心态发生了变化，不得不采取了相对收敛的政策，在薙发问题上也是如此。

辫发是清朝的象征，放弃要求薙发，则意味着清朝丧失其存在的基础。因此，进入山海关、拿下京城之后，多尔衮不得不颁布薙发令：

> 凡投诚之官吏军民皆著薙发，衣冠悉遵本朝制度。（《清世祖实录》卷五，顺治元年五月，大通书局 1984 年版）

这个薙发令立刻遭到北京民众的抵抗。注重现实的多尔衮因此发布如下命令：

因归顺之民，无所分别，故令其薙发，以别顺逆。今闻甚拂民愿，反非予以文教定民之本心矣。自兹以后，天下臣民照旧束发，悉从其便。(《清世祖实录》卷五，顺治元年五月)

多尔衮此时或许陷入了某种困境。占领了北京后，如果将全中国也纳入视野，为了减少抵抗，就不得不免除薙发。而放弃发布薙发令，就意味着放弃清朝存在的根基。占领北京后，"薙发令下，有言其不便者曰：'南人薙发不得归，远近闻风惊畏，非一统之策也。'"多尔衮回答说："何言一统？但得寸则寸，得尺则尺耳。"(张怡《谀闻续笔》卷一)

多尔衮的这个困境以自己想不到的方式解决了。因为各地出现了各种各样的"孙之獬"，在他们的带领下，清军占领了南京，作为中国财政来源的江南已经唾手可得。清军进入南京城之前，南京建立了明政权，即南明。南明的重要官僚中有一位很知名的钱谦益，是大家公认的有骨气的名士。这位名士此时主动"髡发"。

清朝入都，孙之獬上疏云"臣妻放脚独先"(满洲人无此习惯)，事已可揶揄。豫王下江南，下令薙发，众皆汹汹。钱牧斋(谦益)忽曰："头皮痒甚！"遽起。人犹谓其篦头也。须臾，则髡辫而入矣。(史惇《恸余杂记》)。

有了无数的孙之獬和钱谦益，多尔衮的难题解决了。占领南京的顺治二年(1645)五月二十九日，多尔衮把大学士叫到跟前说：

> 近览章奏，屡以剃头一事引礼乐制度为言，甚属不伦。本朝何尝无礼乐制度？今不尊本朝制度，必欲从明朝制度，是诚何心？若云身体发肤受之父母，不敢毁伤，犹自有理，若谆谆言礼乐制度，此不通之说。予一向怜爱群臣，听其自便，不愿剃头者不强。今既纷纷如此说，便该传旨叫官民尽皆剃头。（《多尔衮摄政日记》，广文书局 1976 年版）

这样，多尔衮最终发布了薙发令，时间是顺治二年六月丙寅。

> 向来薙头之制姑听自便者，欲俟天下大定也。此事朕筹之最熟。若不归一，不几为异国之人乎？自今布告之后，京城内外、直隶各省，限旬日尽行薙完。若规避惜发，巧词争辩，决不轻贷。该地方官若有为此事渎进表章，欲将朕已定地仍存明制，不遵本朝制度者，杀不赦。（《东华录》卷五）

这一薙发令在江南以及全国引起了巨大震动，人们高喊"头可断，发不去"，并拿起武器反清。在青年时代度过这一动荡岁月的人当中，有不少在中国思想史上留下重大足迹的思想家，顾炎武、黄宗羲、王夫之（王船山）、方以智都是中国思想史上闪闪发光的人物，他们以各种方式为守护着头发进行斗争。他们抗争失败后或者隐居，或者回到家乡讲学，或者削发为僧，继续与强制薙发的清朝抗争。

> 流转吴会间，何地为吾土。

登高望九州，凭陵尽戎虏。

……

稍稍去鬓毛，改容作商贾。

（《顾亭林诗集》卷二《剪发》[1]）

满洲人占领关内后离开故土江南辗转于北方的顾炎武，不薙发就意味着死亡。于是"稍稍去鬓毛"——这决非薙发，顾炎武的这句话反映出他内心的无尽苦涩，可见薙发令给人们带来了多大的痛苦。

控制了江南局势后，清朝与其他新王朝成立时一样，派遣学官举行考试。当时有一位考生未写答案，而在空白处写了下面这首诗。

曼周医伏曼周投，

谩面蓁封谩面修，

鳗衍和三鳗衍累，

漫强钟异漫强绉。

（计六奇《明季南略》卷四，大通书局 1984 年版）

这首诗文看上去不知所云，但当时的人还是能读懂诗的真正含义。诗的意思是：

满洲衣服满洲头，

满面威风满面羞，

---

[1] 编者按：此据原钞本。

> 满眼河山满眼泪，
> 满腔忠义满腔仇！

这首诗还有其他的版本（谈迁《枣林杂俎》，清钞本，收入《四库全书存目丛书》子部113册杂家类，齐鲁书社1995年版），由此可以窥见人们对薙发的愤怒。

清朝虽然强制薙发，但很快就恢复了中国的日常世界。孙之獬可能是既无耻又无能之人。但是，第二、第三个孙之獬也许是无耻但却是有能力的人。清朝优待他们，并听取他们的意见。他们一边留着异族的尾巴——薙发，一边急速恢复中国正统的礼仪，重开科举，沿袭朱子学，陆续出版四书五经的钦定本，这与其他王朝更替时见到的恢复秩序过程并无两样。奴隶标志的薙发在已经回复正常的生活中只是一个小插曲而已。与科举考试合格成为官僚、获得社会地位相比，薙发不过是一道小伤痕。

下薙发之令，李舍人雯有《薙发文》："维某年某月某日，李子将剃发。先夕，梦有物苍苍，蒙茸其形，怒而呼曰"——发之神在李氏梦中向他诉说：

> 予发之神也。从子而生，三十八年。今闻弃予，来责尔言：自子之少，我居尔颠。纤齐圆直，既泽且玄。可以弄姿于帏房，可以耀影于华簪，可以晞阳于扶桑，可以濯流于清泉。顾乃苦思研精，劳干震形，役及于我，失其华英。

李子青年就秃头了。"年未至而星星"。而且，李子似乎不怎么梳头。然而，发之神难以忘记跟李子在一起的日子。"犹愿没齿而相忘，何期中道而见逐也。"他接着写道：

> 且予闻之，绝交不出声，弃妇不堕井。予为忘国之遗族，子为新朝之腼仕。念往者之绸缪，莫深文以相刺。然畴昔之日，以我御穷，一朝见弃，竟如飘风，岂曼缨之可美，曾毛里之莫恫。苟无言以自释，行诉之于苍穹。

"李子闻之，涕泣掩面。而已凝思展意，释然而对曰。"左思右思，做解释答道：

> 故人之有发，犹草木之有枝叶也。春生而秋谢，春非恩而秋非怨也。犹鸟兽之有羽毛也。夏希而冬毡，冬非厚而夏非薄也。无可奈何而安之若命，是故无不祥之鸣焉。

李子因此向发之神表达了清朝是基于自然之理而建立的王朝这一"理由"。"今天子圣德日新，富有万方，一旦稽古礼乐，创制显荣。"

李子于此终于遇到了能够发挥自己才能的清朝治世。

> 予犬马齿长，不及于盛时矣。而为子之族类支党者，尚得照耀星弁之下，巍峨簫簌之上。……我子其亦有意乎？于是诸发无语，洒然而退。又明日，而李子髡焉。（董含《三冈识略》卷一，辽宁教育出版社 2000 年版）

就这样，薙发变成了平常之事。正如多尔衮所言，"本朝何尝无礼乐制度"?（《多尔衮日记》）从"华"之礼乐制度来看，薙发的确是"夷"之物，但薙发在无意之间变成了辫发，转变为"华"的礼乐制度，薙发也就成了辫发了。

头发的故事再次登上历史舞台是在太平天国时期。对中国一般民众而言，太平天国并非拥有理念的国家，只不过是"长毛"而已，留不留"长毛"，成了决定民众命运的事。

> 全中国数万万人像此绢丝一样纤细，为"即使被切断"也无痛无痒的没有任何意识的头发而陷入无法生存的境地，而且遭遇了古今东西世界未曾有的祸害。（《浙江潮》第二期匪石《发厄》）

太平天国否定清朝体制，因此不接受作为清朝象征的辫发，他们只留长发，不留辫发。"长毛"成为了近代中国人尤其是中日甲午战争之后成长起来的知识分子判分满汉之别的标志，并且是基于近代理念的认识。鲁迅说："我生长在偏僻之区，毫不知道什么是满汉。""（知道时）最多的是'打长毛'。"

> 我家里有一个年老的女工，她说长毛的时候，她已经十多岁，长毛故事要算她对我讲得最多，但她并无邪正之分，只说最可怕的东西有三种，一种自然是"长毛"，一种是"短毛"，还有一种是"花绿头"。（鲁迅《病后杂谈之余》，收入《且介亭杂文》，人民文学出版社1973年版）

"长毛"当然指的是太平天国的士兵。"短毛"指留辫发的满洲兵。何为"花头"？是指戴有花纹围巾的法国兵。"绿头"

是指戴绿色围巾的英国兵。头发的故事就这样被添加了"近代"的新要素。

三

1900 年，义和团涌入北京城，紧接着八国联军向北京进军时，七月初一在上海召开了"国会"，容闳、严复、章炳麟等名流参加。实际上，"国会"从策划到运行是唐才常一手操办的。"国会"的宗旨是：一，保全中国的自主权，创设新的独立国家。二，不承认满洲政府对中国的统治权。三，请求光绪帝复出。这个宗旨里有明显的矛盾。"一面排满，一面勤王。"因为：

> 既不承认满清政府，又称拥戴光绪皇帝，余甚非之，因宣言脱社，割辫与绝。（章炳麟《口授少年事迹》）

章炳麟在剪掉辫发后，发表了《解辫发》一文，这也是革命的宣言。

> 共和二千七百四十一年，秋七月，余年三十三矣。是时满洲政府不道，戕虐朝士，横挑强邻，戮使略贾，四维交攻。愤东胡之无状，汉族之不得职，陨涕涔涔，曰："余年已立，而犹被戎狄之服，不违咫尺，弗能蠲除，余之罪也！"

这篇《解辫发》成为了辛亥革命的出发点之一。1936 年，章炳麟去世。去世前的鲁迅写了一篇《关于太炎先生二三事》的随笔，里边提到章炳麟的《解辫发》，并且夹杂着复杂心情回忆自己有关辫发的感受。文中写道："剪掉辫子，也是当时一大事。"因为剪辫发就等于直接投身"排满"运动。

在此之前，章炳麟与"尊清者"为同道，即，他与主张保留辫发、同时推进近代化的康有为、梁启超等改良派代表人物交往，并加入他们的舆论阵营助战，《客帝》是其代表作。但是，剪掉辫发后的章炳麟写了《客帝匡缪》，进行自我批判。

> 满洲贱族，民轻之，根于骨髓，其外视亡异欧美。故联军之陷宛平（指北京），民称"顺民"，朝士以分主五城，食其廪禄。（为满洲）伏节而死义者，亡一于汉种。非人人阘茸佣态，同异无所择，孰甘其死？由是言之，满洲弗逐，欲士之爱国，民之敌忾，不可得也。浸微浸削，亦终为欧美之陪隶已矣。

甲午中日战争后，中国人终于认清了近代世界的格局。中国如果不放弃君主专制体制，只会走向亡国。因此，人们大力提倡维新，实行君主立宪，并提出各种近代化方案。1900 年北京出现顺民时，对历史敏感的人们就意识到，从旧的封建体制转向新的近代体制并不能解决中国的问题。即：铲除了清朝或中国之旧，未必就能加入近代国家的行列。中国在近代世界中的国际地位低下并有亡国危机，满洲人统治下的清王朝体制是不可回避的结构性问题。因此，"满洲弗逐……亦终为欧美之陪隶已矣"。甲午中日战争以来，人们大声疾呼亡国危机已在眼前。然而，当 1900 年顺民旗再次举起的时候，人们注意到，亡国危机不是现在才出现的，而是早在 1644 年开始就存在了。中国要避免亡国，并要自立于世界之林，首要的问题就是光复中华——打倒清朝，这是摆在剪掉辫发的人们面前的历史课题。

1900 年以后的革命党人提倡"排满"。他们看到，满洲或者说清朝的背后的两重历史阴影，一是历史痼疾，用通常的话说，就是封建制，革命党人要走向近代化，就必须进行反封建的斗争，实际上他们也这么做了。二是列强，即帝国主义的存在。革命党人如果不进行反帝运动，中国就会在近代世界中走向灭亡。这两个问题是结构性问题，与章炳麟所说的陪隶问题有关。列强＝帝国主义作为主子君临于清政府＝封建制之上，因此中国处于双重的奴役之下。造成这种结构性问题的根源，就是辫发意识，即主动充当异族奴隶的意识，也就是人们主动当统治者"顺民"的意识。

1933 年，鲁迅在论及发生在华北的武装冲突事件时，指出中国的传统政策并非"以夷制夷"的观点。

满洲从明末以来，每年即大有直隶山东人迁居，数代之后，成为土著，则虽是满洲军队，而大多数实为华人，也决无疑义。……

至于中国的所谓手段，由我看来，有是也应该说有的，但决非"以夷制夷"，倒是想"以夷制华"。然而"夷"又那有这么愚笨呢，却先来一套"以华制华"给你看。

这例子常见于中国的历史上，后来的史官为新朝作颂，称此辈的行为曰："为王前驱"（出自《诗经》）！

（鲁迅《以夷制夷》，收入《伪自由书》，人民文学出版社 1973 年版）

清朝建立时，作为夷的满洲企图制华。他们并不愚蠢，用主动薙发的汉人来制华，制华之夷以此建立了清朝，夷由此变为华，辫发成了华的一部分。1900 年，已成为华的满洲企图通过列强之夷制华。列强之夷也并不愚蠢，他们通过"大某国顺民"来制华，而清朝就是顺民意识的化身。据说是当时某位满洲贵族说过下面这句话，充分反映了这一点。

量中华之物力，结与国之欢心。

这样看来，辫发已经不仅仅是夷强加给华的习俗了，华自身就存在产生辫发的土壤。

因此，剪掉辫发的革命党人面临非常严峻的问题。他们首先要"排满"，"排满"不仅仅是赶走满洲人，为了近代化必须废除封建制，同时他们还要承担抵抗帝国主义的任务。在辛亥革命以前，没有革命党人能在理论上理顺这三者的关系，因此辛亥革命失败了。不过，辛亥革命失败的最根本原因是，他们没有铲除产生辫发的根源。清朝的倒台犹如剪掉辫发那样轻而易举地实现了，但现状并未因此而有所改变。

我们不清楚鲁迅是什么时候开始构思《阿 Q 正传》的。鲁迅从剪掉辫发时（1903 年）起，至 1911 年辛亥革命这段时期的经历，与处在这种背景之下的辫发文化，无疑对此有很大的影响。例如，《阿 Q 正传》中就出现戴假辫发拄着拐杖的假洋鬼子，鲁迅对此是有亲身体验的。

我的辫子留在日本，一半送给客店里的一位使女做了假发，一半给了理发匠，人是在宣统初年回到故乡来了。一到上海，首先得装假辫子。这时上海有一个专装假辫子的专家，定价每条大洋四元，不折不扣，他的大名，大约那时的留学生都知道。（《病后杂谈之余》）

毫无疑问，辫发是奴隶的象征，这在鲁迅是明白无疑的。鲁迅写了一篇短篇小说《头发的故事》，里边描写了戴假辫发的悲哀。或许不应称之为悲哀，其实应该称之为苦涩。在当时的中国，即使不想当奴隶也不行，因为不装作奴隶的样子，就无法活下去。

《阿Q正传》正是关于辫发的故事，Q字就能证明这一点。在《阿Q正传》的序里，鲁迅推断阿Q就是阿贵或者阿桂，但阿贵或者阿桂都无法用罗马字Q来表示，这是鲁迅的解释。贵也好，桂也罢，本来都不能用罗马字Q来表示，之所以用Q来表示，是因为无论如何只能用Q来表示。鲁迅之弟周作人写道："作者曾说过，小说里用Q（必须是大写的Q）来代表的小辫非常有意思。"（周遐寿《鲁迅小说里的人物·阿Q》）这就是必须是Q的第一原因。第二个原因是，在英语中，queue也有辫发的意思，《阿Q正传》就是留辫发的人的故事。

至于阿Q的品行如何，在此不再赘论，问题在于阿Q留辫发的根子依然存在，这根子深深根植于中国的传统中。自鸦片战争以来，尤其是甲午中日战争以来，人们高举爱国旗帜从事救国运动，这就是反封建、反帝国主义，并以此为目标走向近代化的运动。辛亥革命虽然失败了，但其中的一部分成功了，推翻清政府、建立共和的目标实现了，辫发剪掉了。但是，根子并没有除掉，这就是鲁迅要在共和体制下写作《阿 Q 正传》的原因。

（原载《学习院大学文学部研究年报》
第 36 期，1990 年 3 月 20 日）

"国"与"家"之间

一

如果我们用"朕即国家"或"铁血即国家"来表示现在的中国，那么，用"党领导国家"来表示，则是最合适不过的了。在中国，"党领导国家"并不仅仅是党建立了官僚组织并握有权力，同时也意味着人、社会以及历史的应有状态。换言之，党的存在的意义在于，它反映了"人民"的真实愿望，同时也揭示了历史的必然性，并最终将人民的愿望变成真实的社会组织。毫不夸张地说，"党领导国家"是用"当然"之理和"所以然"之理武装起来的。"党领导国家"这句话并不意味着党因此居于国家之上。毋宁说，其真正的意义在于，党为国家提供存在的依据，并指明其发展的方向。

"党领导国家"的事态是何时出现的？它滥觞于清末作为近代政党的中国同盟会和政治新闻社时期。辛亥革命爆发，中华民国成立，国民党、共和党以及各种政党曾多次解散和重组。1927年，蒋介石发动"四一二政变"，宣布"以党治国"，在此之前，包括御用政党在内，所有的党都受国家掌控。1927年至1928年是分水岭，党的意义已经明显发生了变化。从那以后，国民党和共产党围绕着国家的正统性产生了对立。认为只有我党才能体现人民的愿望和代表历史的前进道路，这是双方斗争的焦点。

在抗日战争时期曾出现过国共合作，但是，它处在这种正统性相互对抗的夹缝中，合作的破裂是不可避免的。另外，除了共产党和国民党之外，还存在着其他政党。这些政党像处在相互激烈竞争的两个蚂蚁窝中间的蚂蚁，要么被其中一方吸收过去，要么只能在外来势力保护下生存。

在1927年至1928年期间，国民党打出"以党治国"的口号（这是导致"党领导国家"事态的原因）时，出现了一位极力唱反调的思想家，这位思想家就是本文主角章炳麟。章炳麟说："今之拔去五色旗（中华民国的国旗），宣言以党治国者，皆背叛国民之贼也。"（《致李根源书》，1928年5月27日）为何"以党治国"是背叛国民呢？他说："他们现在说以党治国，也不是以党义治国，乃是以党员治国，攫夺国民政权，而对外仍以中华民国名义。此与袁世凯称号洪宪后，仍以中华民国年号对外，意正相同。袁世凯个人要做皇帝，他们是一个党要做皇帝。这就是叛国，叛国者国民应起而讨伐之。"（《申报》1928年11月22日）章炳麟批判"以党治国"，同时招致了国民党和共产党的不满。掌握政权的国民党以危害政府的理由通缉章炳麟，章炳麟则以自己是"中华民国遗民"作为回应。章炳麟的确厌恶蒋介石"以党治国"的做法。辛亥革命前，章炳麟与孙中山、黄兴曾经是中国同盟会的主要领导者。但是，当同盟会内部出现分歧时，他重建了光复会，并担任会长，陶成章任副会长。辛亥革命爆发时，掌握光复会实权的陶成章在上海的医院被刺客暗杀。派出刺客的毫无疑问是蒋介石。1926

年，"蒋中正（介石）大权在握"，即蒋介石担任革命军总司令时，章炳麟发出通电，指其"天性阴鸷，反颜最速"（《申报》1926年8月15日）。不过，他对"以党治国"的批判，未必来自他对蒋介石的厌恶。他说："孙中山之三民主义，东抄西袭。初以推倒满清为民族主义，改专制政体为共和政体曰民权主义，以平均地权为民生主义。迨后乃欲以联合平等待我之民族，更倡以党治国，及挑起劳资斗争。故孙中山后来的三民主义，乃对外联合主义、党治主义、民不聊生主义。今日中国之民不堪命，蒋介石、冯玉祥尚非最大罪魁……"（《申报》1928年11月22日）在今天看来，他的这些天真烂漫的言论同时遭到国民党和共产党的批判，是理所当然的了。他的这些言论直至今日仍作为晚年章炳麟反动性的证据，而被研究者广泛引用。笔者对论证章炳麟在此时期是否具有反动性问题不感兴趣。不过，他主张把政党从该党所主张的主义剥离出来，并把它作为一个社会集团对待，从这个角度看，章炳麟的这些反动言论自然有其别样的意义。而且，在这个意义上，他不是从党所宣扬主义的角度出发，而是从社会集团的历史、社会背景出发，对现在的中国以及将来的中国提供了某种重要的视角。

中国有句名言叫做"格物，致知，诚意，正心，修身，齐家，治国，平天下"（《大学》）。此名言对中国的知识分子来说，不管是否意识到，也不论是否表示赞同，都是他们坚定不移的信念。用现在的语言来说，如果在个人—家族—国家—天下的社会结构中给党进行定位的话，肯定是位于"国"与"家"之间了。根据常识对位于"国"与"家"之间的集团进行命名，党就是二次集团中的一种形态。此外，作为表示位于"国"与"家"之间的集团的词语，在中国还有"社""会"，以及"派""阀""系""帮"等特殊的二次集团。本文从章炳麟的视点出发，考察作为典型的二次集团的党在传统社会里具有何种意义，在近代又是如何发生变化的。

在中国的传统社会中，党一词给人留下的印象首先是党争。汉代的党锢、宋代的元祐党人、明代的东林党与阉党之间的争斗是代表例子。从近代的视角观察，可以把党争视为"至少表示人民觉醒的一个现象"（谢国桢《明清之际党社会运动考》，中华书局1982年版），东林党是"自由主义者的先驱者集团"（侯外庐《中国思想通史》第五卷，人民出版社1956年版）。可是，在传统中国，党都是被指责和批判的对象。而且，各朝廷大都将党争视为招致王朝灭亡的危险现象而加以镇压。

> 党之名立，而党祸遂延于后世。君子以之（党）穷治小人，小人即以之反噬君子。一废一兴，刑赏听人情之报复，而主人莫能尸焉，汉、唐以还，危亡不救，皆此之繇也，可不悲乎！（王夫之《读通鉴论》卷七"和帝"）

这是经历了明朝亡国的思想家王夫之对党进行的痛切反思，对党的这种看法曾经似乎很常见。

在中国的传统社会，"国"与"家"是互补的关系，即"国"保证"家"的稳定，而家是国家安定的基础。《大学》里的"齐家、治国"是"平天下"的秘诀。因此，当在"国"与"家"之间出现下位集团时，对"天下"的"平"、即社会的稳定是不祥之兆。为了保证传统秩序的稳定，必须铲除这一二次集团，即实施党禁。清朝把党争视为明朝灭亡的重要原因，并对党始终坚决采取制裁的姿态，就是出于维护传统社会考虑的做法。雍正皇帝制定了关乎清朝体制根本的许多施政大纲，对党的基本政策也是如此。雍正皇帝还亲自颁布了《御制朋党论》，对朋党进行严厉批判。《御制朋党论》有如下文字：

> 宋欧阳修《朋党论》创为异说，曰君子以同道为朋。夫罔上行私，安得为道？修之所谓道，亦小人之道耳。自有此论，而小人之为朋者，皆得假同道之名，以济其同利之实。朕以为，君子无朋，惟小人则有之。且如修之论，将使终其党者则为君子，解散而不终于党者，反为小人乎？

朋党的危险性究竟在哪里？在于"私"和"利"，这是雍正皇帝文中的要点。之所以要制裁朋党，是因为朋党攫取了"私"与"利"。雍正皇帝只承认朋友关系，"夫朋友亦五伦之一。朋党不可有，而朋友之道不可无。然惟草茅伏处之时。"（《御制朋党论》）。朋党归属于"私"，朋友亦只可允许在其范围之内，但不能进入以"道"为基础的"公"的世界。在中国传统社会中，位于"国"与"家"之间的二次集团，都坠入了党以及"私""利"的世界。党因何原因掌握了"公""道"，并发展到"党领导国家"的状态？在"国"与"家"之间又经历了哪些变化？下面从章炳麟的论点出发，对此进行考察。

二

章炳麟并未对位于"国"与"家"之间的二次集团进行过

理论上的分析。不过，从他对在辛亥革命前夜的立宪派各政党的批评，以及对代议制的批评，我们不难看出章炳麟是从何种角度对二次集团进行分析的。对于那些直至今日仍然认为代议制是近代议会制的人来说，他在此期间有关否定代议制的言论被视为是颇为离奇的，除此之外，他因攻击与革命党人相对立的立宪派而获得很高评价。辛亥革命后，章炳麟提出"革命军起，革命党消"这句有名的口号，引起革命党同志的不满。在南京举行四川革命烈士追悼会时，他还送来一副"群盗鼠窃狗偷，死者不瞑目；此地龙蟠虎踞，古人之虚言"的挽联，更是引起了革命党人的愤怒。章炳麟于 1927 年至 1928 年有关党的言论，已被国民党和共产党所唾弃。如果从革命正统性的历史观角度出发分析章炳麟的这些观点，其中一部分是值得肯定的，另一部分是应该否定的。但如果离开革命的正统性，从他独自的思想与中国社会的实际情况的关系来看的话，就可以发现其思想的一贯性。这就是，他认为社会集团最终立足于个人，个人如果未构成社会集团，就没有真正意义上的个人。

　　1894 年，仍在"诂经精舍"潜心研究经学的章炳麟拜访了友人汪康年的叔父汪曾唯的住处，并写下了随笔《独居记》。根据《独居记》记载，钱塘人汪翁平生清廉，从不趋炎附势，不与人同流合污，人皆称此翁为"独头"，他也自称为"独翁"，并将其所居住的庵命名为"独居"。章炳麟进入此庵时说道："翁之独，抑其群也。"意思是说，翁在努力坚守独的同时，获得了群的地位。打个比喻来说，当视力正常者进入几位盲人的屋里时，盲人称其为独；但视力正常者群体则应称为群，不过，有时我们又不得不称之为独。由此可知，独即是群，而群亦是独。

章炳麟在《独居记》中提出了"独"与"群"的概念，独与群分别代表个人与群体。后来，他对《独居记》大幅修改，改名《明独》，并收入《訄书》中。在《明独》中，他明确界定了独与群的关系："大独必群，群必以独成。"例如，太阳照亮地球，但如果太阳仅仅是与五个行星构成群的关系的话，即，如果太阳不为独的话，太阳连寸土也无法照射。可以说，太阳不仅在群当中构成其中的一个独，而且，这个独是群之王。因此，"小群者大群之贼，大独者大群之母"。后来章炳麟之所以将质疑的眼光投向党，是因为他发现了不以独为依据的群，即在党那里嗅到了"小群"的气味。

1897年，章炳麟走出书斋，在维新派的报社上海《时务报》任职，开始从事政治活动。在经过1898年的戊戌政变、1900年的义和团事件以及唐才常自立军起义之后，他对维新派以及其后的保皇派的态度发生了明显的变化。"今是言宪政者，非诚有所识于本株也。其或侈言利害，指为必然者，是幸清廷贵人之盲愚，冀以进熟得官耳。"（《检论》卷八《对二宋》）。章炳麟已经敏锐地发现了维新派和保皇派猎官活动的动向。他向一直指导维新派和保皇派的康有为放出了批判之矢，明确指出其问题所在。1903年，他发表了《驳康有为论革命书》，批判康有为的《与南北美洲诸华商书》。但在此公开信中，他并不仅仅批判康有为的各种各样的理论，还分析了康有为政治活动背后隐藏的心理。章炳麟曾说，康有为"保中国不保大清"，本来是要走革命之路的。但后来，康有为被"富贵利禄"之心诱惑，背弃了原先的志向。章炳麟还讽刺道，在戊戌政变中，如果被幽禁的光绪皇帝复出，康大概会得到内阁、军机大臣的职位。在这里他描绘了"志"让位于"富贵利禄"的过程，换成"群"与"独"的语言来表达的话，就是原本作为"大独"之根基、集结"大群"机轴的"志"逐步让位于"小群"所立足的"富贵利禄"的过程。这一批判不仅针对在历史认知上已经分道扬镳的康有为。章炳麟在给友人的私信中，表达了他的危机感：那时"吾不敢谓支那大计在孙（文）、梁（启超）二人掌中，而一线生机，惟此二子可望"，他认为孙文和梁启超之争，"不在宗旨，而在权、利"（《致吴君遂书》六）。

1903 年，章炳麟因《驳康有为论革命书》中的某些言论遭遇三年牢狱之灾。1906 年出狱后，章炳麟赶赴东京，担任中国同盟会机关报《民报》主笔，为鼓吹革命发表了大量文章，其批判的矛头之一就是指向之前他所说的"小群"，这是很自然之事。具体而言，他的矛头指向了"新党"和代议制。这一年，清朝公布了预备立宪，对此，被称为"新党"的康有为、梁启超等人积极呼应，着手组建政党。用梁启超的话来说，"我国之宜发生政党久矣，前此未有其机，及预备立宪之诏下，其机乃大动"（《梁启超年谱长编》光绪三十二年十一月《与夫子大人书》）。有关政党的原则，梁启超说道："东西各国之言政党者，有一要义，曰党于其主义，而非党于其人。此不刊之论。……然此报告书（指在纽约的《维新报》的社论）中所立一至十之理论皆为先生（康有为）一人所立……夫结党之宗旨，必欲收其人于先生之党，此何待言。然有其实，不必有其名。"（同上）。如前所述，1928 年章炳麟就"以党治国"写道："不是以党义治国，乃是以党员治国"。梁启超认为应当基于"名"来实行这一原理，但实际上是把康有为之"人"当作

"实"。章炳麟则发现了康有为与梁启超行为背后隐藏的"富贵利禄",并果断加以剖析。他不仅批判了康有为、梁启超等人的"新党"的主义,还对产生这种主义的社会与历史基础加以无情批判。

1906 年,章炳麟在东京受到革命党人的热烈欢迎。在欢迎会上,他发表了以"第一,是用宗教发起信心,增进国民的道德心。第二,是用国粹激动种性,增进爱国的热肠"为主旨的著名演说(《民报》第六号《东京留学生欢迎会演说辞》)。在这一演说中,章炳麟当众说他自己患了"疯癫""神经病"。不过,他的神经病不是那种"富贵利禄当面现前的时候,那神经病立刻好了"的病(同上)。在演说的结尾时他说:"要把我的神经病质,传染诸君,更传染与四万万人"。章炳麟在《民报》第八号中发表《革命之道德》,他提倡将顾炎武提出的"知耻""重厚""耿介"以及他附加的"必信"作为革命道德,而站在这个革命道德的对立一方的就是"新党"。

章炳麟在《民报》第十号中发表了《箴新党论》,揭露新党是如何被利禄驱使的。他说:"彼新党者,犹初习新程墨(科举考试的规范答案)者也,是非之不分,美恶之不辩,惟以新为荣名所归。故新党之对于旧党,犹新进士之对于旧进士,未有以相过也。原其用心,本以渴慕利禄之故。"不止于此,与旧党相比何止是五十步笑百步,而是更劣于旧党。"今之新党,与古人絜长则相异,与古人比短则相同。"

章炳麟还回顾了"党"的历史。他说:"党锢之名,自汉始,经唐、宋、明,皆有党人。"首先看一下汉代党人的情况。汉代党人中有不少是正人,他们斗争的对象只是宦官和外戚,不能说他们在历史上犯有罪责,不过即便如此,也未能避免

"浮华竞名"的弊端。到了唐代，则开始"醉心权利"。至宋代，"所争不关政事，惟以琐细节奏之间而相侵陵"，甚至到了苏轼所说的"寄心王室，闻故主之嘉赏其文，则泫然为之流涕"的状态。进入明代，东林党将反对自己的人置于死地，因为复社的张溥特别擅长贿赂，得到党人的信赖。另外，在"内行"方面也陷于淫靡，沉迷声色，张溥喜用"房中药"，就连忠良纯正的瞿式耜也有五位小妾。他说：

> 始自东汉，迄唐、宋、明，有党人者四世，虽竞名死利，各有等差，而大体不能外也。

据《箴新党论》，新党滥觞于"甲午辽东之役"即中日甲午战争，新党的代表性人物首推康有为。在他们政治行动的背后依然是旧党的"竞名死利"的心理在发挥作用。假如康有为的新党成功掌握了政权，将会出现怎样的事态呢？"人为谦益，家效延儒"，国将不国。"谦益"指钱谦益，"延儒"指周延儒。他断定，新党当道必然亡国，而且，贰臣——民族的叛徒将横行于世，这是不必思索也能知道的结局。

新党标榜"新"，声称只有他们才能一扫旧俗恶习。然而，"返而观其行迹，其议论则从新，其染污则犹旧"。当一个社会集团宣扬某种宗旨或主义时，无论其宗旨或主义如何处于时代潮头，但支撑该集团的社会基础可能依旧处于旧有的状态，这种现象不但发生在中国，也会发生在其他任何地方。不过，在中国近代，这不仅表现为新的主义与旧的社会基础相互混合，此外，旧事物会被披上新外衣重新登场，20世纪中国发生的不少事件中都可以找到旧的社会关系、思维方式等披着新外衣横行一时的现象。章炳麟在《箴新党论》中说道:"论事当以是非为准,不以新旧为准。"就是说,如果要讨论主义,是非即历史的正当性才应当是追问的对象,而与主义的新旧无关,如果一定要追问新旧,就应当问党这个集团赖以存在的社会基础是否为旧。在旧事物以新面目复活的现象背后,必定存在社会基础的旧有部分。章炳麟要追查新党的社会基础的旧有部分,这比他所摈弃的党的通病——"竞名死利"要重要得多。他列举了旧的社会基础的四个因素——师生、年谊、姻戚、同乡。中国的官僚体系中大量掺杂着与教育体系有关的东西,例如,对于官吏录用考试的科举合格者而言,考官通常是考生终身不可分离的师长,其次,同年的合格者被称为年谊。众所周知,师生与年谊在官场和社会中发挥巨大的作用。这种关系在官场和社会里,犹如四处密布的网络,并通过姻亲关系即裙带关系进一步加强。此外,同乡这一乡土意识也会使这种关系更加紧密,形成极其复杂的关系网,约束着人与人之间的关系。当今社会上流行各式各样的"关系学",例如拉关系的窍门和"走后门"的技巧,这种社会弊端的根深蒂固程度超乎人们的想象,原因在于这些现象的背后有地缘、血缘、师徒关系、结拜师徒关系等看不见的无所不在的关系网。章炳麟之所以在批判新党时指出这些现象,也是出于这个缘故。

　　1911 年,农历九月五日、七日、十日,(公历 10 月 26 日、28 日、31 日)在槟榔屿的《光华日报》发表了章炳麟题为《诛政党》的连载文章。九月五日是八月十九日(公历 10 月 10 日)武昌起义的 16 日后,因此,这篇文章是在武昌起义爆发后不久写的。《诛政党》收入汤志钧编的《章太炎年谱长编》中,集中反映了章炳麟在辛亥革命后不久对党的看法。《光华日报》于 1910 年创刊，本部设在槟榔屿打铜仔街，至今仍是马来西亚有影响力的中文报纸。

何谓政党？《诛政党》指出，"新党之变相"不过是《箴新党论》中批判过的新党的翻版。朋党产生新党，新党又产生政党。清末，清朝迈向立宪制，实行政治改革，作为实行议会制的第一步，在中央和地方分别设置资政院和咨议局。各种势力以此为契机，创立政党应对此局势。不过，对于确信"朋党之兴必在季世"的章炳麟来说，这些形形色色的政党犹如沉渣一般浮出水面，他们的议论无论怎样通过舶来的新理论进行包装，在章炳麟眼里，其本质仍然不过是"竞名死利"而已。

《诛政党》将政党分为七类。第一类是康有为之流，他们公开声称利用立宪时机组建政党，试图将中国大权握于手中，获取未来的权力和权益。歌颂清朝皇帝以向权力者献媚，因为缺乏写作华丽文章的才能，在八股文中掺杂入倭人的文体，以此自诩为文学界革命家的梁启超也属于此类。第二类是"好货殖，不求仕进"者。他们是依仗其财力向权力者进行贿赂，同时做"大结朋党，将隐握政权以便其私"的掮客。第三类是出国留学生，他们是参加革命组织，但同时又为利禄所诱惑的左右摇摆者，这一类人中有告密秋瑾的蒋智由。第四类是标榜欧洲文明者，如严复、马良等。严复根据欧洲的社会理论对中国进行批判，而天主教徒马良则借助圣母玛利亚的权威，主张废除汉字而改用罗马字，其做法则更为离奇。第五类是参加国会请愿运动者。第六类是资政员以及各省的咨议局员。第七类是张謇以及争食铁路利权者。"综观七类，操术各异，而竞名、死利相同，为民蠹害，又一丘之貉也。"总之，这些都是以

"竞名死利"为目的、披着议会制的新外衣登上历史舞台的新党。

中日甲午战争以后,各种各样的制度与思想被标以"新"的标签从外国引入中国,例如君主立宪制、进化论、议会制,等等。章炳麟的确接受了这些外来思想中的一部分,但他的态度是并不关心这些制度与思想是否新,而是追问其是否正确。一些人不问是否正确而只关心"新"或者"旧",认为"新"就是时髦的,对此,章炳麟持怀疑态度。中国近代社会存在着旧事物披着新外衣重新登场的社会基础,在章炳麟眼中,伴随议会制出现的政党只不过是披着新外衣的"朋党"。

> 狙公赋芋,朝三而暮四则群狙怒,朝四而暮三则群狙喜。恶专制而喜立宪,亦犹此而已。

他们将"旧"批判为专制,然而"新"立宪实则为一丘之貉。

三

"竞名死利""利禄""权利",这些都是章炳麟批判清末"新党"时常用的词语,稍作一整理,就是"权""利""名"。他这种指责党的方法在某种意义上是非常传统的。历代党争都将对方判定为某某党,目的是给对手加上追逐"权""利""名"的污名。另外,作为掌权者的皇帝,不必看雍正皇帝的意见便可知,通常的做法是对持有某种主张的团体扣上朋党之罪名。如此看来,章炳麟对新党的批判也不过是有关朋党说的翻版吗?

章炳麟只是以新瓶装旧酒的方式批判新党。不过，假设章炳麟只不过是沿袭了有关党的传统说法，那么，似乎他对新党的批判也不过是以"旧"批"新"了。更何况他还将议会制这一"新"看成是"名曰国会，实为奸府"（《代议然否论》），进而以诡辩的手法称赞中央集权专制之下"民皆平等"。章炳麟是革命家，无人怀疑这一历史事实。但如果仅从"新""旧"的历史观出发来看的话，似乎无法否定章炳麟是"反动的"革命家，因此，1928 年国民党以"反动分子"罪名对章炳麟进行通缉也不是没有道理的。然而，对于章炳麟来说，革命是以是非为依据的。如果仅以"新""旧"作为判断依据，那么，章炳麟也可以反其道而用之，既然对手可以借"新"的旗号来批判"旧"，自然也可以反过来指出对手的"新"实为"旧"。

雍正皇帝相当担心在"国"与"家"之间出现朋党。雍正皇帝以直觉感到，在"国"与"家"之间出现的打着"道"旗帜的二次集团会直接威胁到国家与社会的存在。因此，他将二次集团视为党，并以"私""利"之名定罪。这是出于对国家存在的考虑，因为如果国家不掌握"道"的话，其存在基础就发生动摇。章炳麟也是从谋取"权""利""名"的角度去批判党的。不过，他是以其独特的"群"与"独"的观点批判党的。"大独必群，群必以独成"（《明独》）。章炳麟不是从国、而是从"独"的视角对党、即他所说的"小群"进行批判的。因为"小群者大群之贼"。

章炳麟高呼"大独必群"时，他的悲剧与喜剧也从这里开始了。如果说"小群"的原则是"权""利""名"，那么，"大独"与"大群"的原则是什么？它表现为是非、主义等多种形式。事实上,章炳麟与各种各样的人共有过是非或主义。中日甲午战争后,他认为"变法维新为当世之急务"(冯自由《中华民国开国前革命史》,中国文化服务社 1946 年版),而与康有为、梁启超等维新派为同一"群"。后来,他对维新派不满,又与张之洞为"群"。他曾对提倡"排满"的孙中山产生共鸣,并与之为群,也曾赞赏无政府主义而与其为"群"。辛亥革命后,他先与袁世凯为"群",后又与孙中山为"群"。最后,他不能与他人为"群"时,只能成为"中华民国遗民"。章炳麟的弟子鲁迅曾因为说"何况造谣者的卑鄙龌龊更远过于章太炎"而遭到指责,由此可知在一些人的眼中章炳麟是怎样一种形象。不过,在"群"这一点上,无论章炳麟的行为表现多么反复多变,但仍有其一贯性。既然"大独必群",他必须寻找同志,参加政治活动。即,发现"大群"。然而,他却在"群"中嗅出"权""利""名"的气味,这个"群"就是"党"或"小群",他对此进行了无情的批判。前面提到过,他很早就指责康有为是"利禄之徒",后来又说"此孙文私怀巨资,无一用于公务"(《伪民报检举状》),他已经从孙中山那里嗅出了"利"。"今日闻有受岛国(日本)之金而建议弃辽沈者矣!"(《诛政党》)——这到底具体指谁,因为至今仍有人怀疑,在此按下不表。但是,对章炳麟来说,这种人很可能是把国家引向亡国的人。1913 年,宋教仁被暗杀,随即发生了二次革命,孙中山逃亡至日本,翌年组建中华革命党。孙中山规定了入党条件,要求党员签署对孙中山一人宣誓效忠的誓约书,并按手印。此时的章炳麟恰逢因被袁世凯处以软禁,没有看到这一场面。如果他在场,一定会以谋"权"之名指责孙中山。在中华革命党纲领里,规定在革命时期党员不能拥有政治权利。1928 年，章炳麟对蒋介石"以党治国"的做法进行抨击，他指出这是以党员治国而不是以党的主义治国。那时，他早已说过"祸首实际上是孙中山"，在这个批评背后其实有很深的背景。

章炳麟站在"独"的立场上，以"权""利""名"批评党，这些论点虽然使他走进政治迷途，但他却道出了中国社会的重大缺陷。他指出在党的背景里存在着地缘、血缘、师徒关系等错综复杂之网，这一点非常重要，值得关注。这个关系网不仅肢解各种近代思想，甚至还肢解革命思想，把人拉回旧习俗中去。

章炳麟说党存在重大缺陷，这的确是事实。章炳麟以"中华民国遗民"回应蒋介石的"以党治国"。他认为，如果党只是为了"权""利""名"组成的"小群"，那么，去掉这些就能回到"独"之路。章炳麟去世后，鲁迅在自己临终前说："太炎先生虽先前也以革命家现身，后来却退居于宁静的学者，用自己所手造的和别人所帮造的墙，和时代隔绝了。"（鲁迅《关于太炎先生二三事》）笔者认为，鲁迅的这句话表达了章炳麟已经回归"独"，而将其解释成章炳麟走向反动则是离题了。曾经引领他走向革命的有关"群"与"独"的思想，最终使他回归"独"。值得指出的是，章炳麟对党的批判仅限于"权""利""名"。他说："以党治国"，"绝不是以党的主义，而是以党员治理国家。"（《诛政党》）他发现"权""利""名"是利益驱动，提醒人们注意地缘、血缘、师徒关系网的危害，这是完全正确的。章炳麟经常引用戴震《孟子字义疏证》中很有名的一句话：

人死于法，犹有怜者，死于理，其谁怜之！

章炳麟本应运用戴震的思想来构建自己的理论。

四

章炳麟剖析党的方法能否运用于分析中国社会？答案是肯定的。以党作为规范组织起来的社会同样存在"权""利""名"，当指出这一点时，就会被以党的主义否定。而为"权""利""名"奔走的社会基础——地缘、血缘、师徒关系依旧根深蒂固，在社会生活中无处不在。章炳麟对此曾以党之名进行讨伐。近代，发挥这一作用的是"帮"。如果我们对中国社会多少有一点了解的话，就容易理解"帮"所形成的网络遍布整个社会的现象，"关系网"可以说明"帮"的分量。因为党主导着主义，"帮"这个二次集团无论如何也不能有自己的主义。但是，为什么基于地缘、血缘、师徒关系、追求"权""利""名"的"帮"可以在以党（在党的主义里本来是不容许这种集团存在的）为规范的社会里盛行呢？

首先，社会里缺少了章炳麟所称之为"独"——独立的个人。现在人们多少均依靠地缘、血缘、师徒关系来获取"权""利""名"。从思想、主义等"公"的立场出发，是可以对私利私欲加以否定的。下面我们分析一下私利私欲的"利"。章炳麟批判康有为是"利禄徒"和孙中山谋"权""利"时，他所说的"利"都是一些琐碎的事例，例如，他们是否企图谋取国家要职，是否占用组织的公款等。历史事实是否真如章炳麟所说，仍存在争议。但章炳麟以"利"、而且是一些具体的利来批评孙中山等人，这是确切无疑的事实。"利"根据地缘、血缘、师徒等关系网分配或者被分配，这也是事实。因此，人们根据这种已经习以为常的惯例，产生了某些人有关占有钱财物资之类的说法，也很自然。朱子学中有"存天理，灭人欲"的命题。与此针锋相对的一派则主张"利"之"欲"是客观存在的观点。这种批判也是对以朱子学为意识形态根基的传统国家体制的批判。不过，在他们的论点里虽然承认"利"的客观性，但仅仅限定在"饮食男女"这些日常具体事物范围之内。章炳麟所批判的"利"是具体的。章炳麟以"小群"来批判党时，也以"利"之名加以声讨。如果仅仅把"利"限定于具体的物质性方面，那么他的批判是恰当的。然而，所谓"利"，难道仅仅意味着一些以"道"来否定的日常具体事物吗？借用章炳麟的"小利"这一说法，是否存在对应的"大利"呢？本来党是根据"大利"来构建其主义的。党在其主义里具有否定"利"的倾向，无论其主义如何，这也证明了党沿袭了传统社会的基础，这正是"帮"存在的温床。可以说，章炳麟在某种意义上并未注意到"利"的历史形态。借用章炳麟的说法，"独"应以"利"为基础，"利"也应以"独"为基础。当他说"小群者大群之贼"时，应当加上一句"小利者大利之贼"。

原因之二是有些政党主导着主义，为国家提供存在依据这一结构问题。在这种结构里，不提倡法而是高举主义或"道"，反而使"小利"肆虐。与国家相对应，家是人们赖以生存的主要场所，人们进入社会，只能依赖地缘、血缘、师徒关系等"帮"。而且，在生活层面，建立在主义之上的党，是以某些拥有对主义的解释权的个人出现的，章炳麟所说的"以党员治国"指的就是这种情况。然而，章炳麟不知道，他所说的"以党义治国"会走向"以党员治国"——非法治的"人治"。在"人治"社会里，个人的"权"与"利"以主义做护身符，"利"被主义掩盖了。黄宗羲在《明夷待访录》里承认并提倡"自私自利之民"，"文化大革命"之后，中国也选择了现代化道路，现代化的宏伟蓝图固然值得关注，更值得注意的是"自私自利之民"获得了市民权，借用章炳麟的说法，即"独"之"利"拥有了合法性。"自私自利之民"之"利"、乃至"独"之"利"是主义或"道"无法限制的"利"，只能通过"利"自身的原理与规则来调节。规则产生法，法导致摆脱地缘、血缘、师徒等"关系网"的个人的大量产生。当人们根据"利"自身的逻辑从事逐"利"的活动时，"帮"的社会基础也将随之瓦解。

那么，主义将以何种方式存在呢？党是一个社会集团，倡导主义不仅理所当然，而且是正当的。因此，党必然彻底贯彻其主义。章炳麟所批判的支撑党的社会基础，是立足于党手握主义，并掌控"权""利""名"之上的。章炳麟认为要消除这种状态，就必须分辨清楚是非。而且，也有必要实现主义与基于主义形成的集团的多样性。在中国的传统社会里，处于"国"与"家"之间的二次集团是受到压制的。章炳麟认为二次集团应立足于"独"构成的"群"，当发现"群"追逐"权""利""名"后，又将其唾弃。另一方面，雍正皇帝以国家之"道"、"私""利"之名来处罚二次集团。作用于"国"与"家"之间的磁场直至今日仍然无处不在。因此，是否应该建立不是基于"大利"、而基于"小利"的二次集团？当然，这样的集团必须以章炳麟所言的"独"为基础。当这种基于

"大利"与"小利"的网络扎根于"国"与"家"之间时,中国社会就会朝着现代化的目标起飞。

(原载《学习院大学文学部研究年报》

第 33 期,1987 年 3 月 20 日)

第二部

三元里的对话

　　我曾有五年时间在中国的大学里教授日语和日本文化，而这五年当中，有四年在广州郊外的三元里。三元里的地位与日本近代的浦贺相似，在中国近代史中是值得纪念的地方。我以为，自鸦片战争起被迫开启的中国近代史是由官、民、夷三股力量推动的，而这一关系无疑是从三元里开始的。鸦片战争时，英军在广州登陆，占领了广州城北的四方炮台，现在这个地方是越秀公园。其北面有开阔的农田，从炮台俯瞰到的最近村庄，就是三元里。英军认为林则徐被降职之后已无敌人，于是派出小部队"出击"。英军的军纪很差，四处掠夺。其中一个英军士兵在三元里的东华里地方强奸妇女，后被杀死，这一事件直接导致了夷与民的对峙。农民们聚集在三元里的北帝庙，呼吁附近的村民拿起武器加入战斗。战斗开始后，农民从三元里的村庄到北面的牛栏岗痛击英军，同时还乘势包围了四方炮台，惊慌失措的英军司令向知府余保纯请求援助。虽说是停战期间，但双方并未解除敌对关系，因此这种请求其实蛮滑稽。更奇怪的是，余保纯答应了英军的请求，恫吓农民，要求他们解除包围。这就是三元里事件的简单经过。这种官、民、夷的关系此后反复出现于历史舞台。太平天国农民战争时清朝、太平天国、英法联军的三方关系，中日战争时的国民党、共产党、日本军的关系就是这种官、民、夷的关系。

能够在这片有纪念意义的土地上生活，对于我这样对中国近代史有浓厚兴趣的人来说是再幸运不过的了。尽管那个地方后来被日军改成了飞机场，但是，我在牛栏岗附近住了下来，每天能看到三元里，骑15分钟的自行车就可以到达三元里的村庄。在这个具有历史背景的土地上教日语和日本文化具有何种意义呢？如果在这块土地上酝酿出来的思想传统已经被革命扫除干净的话，换言之，如果官与民的矛盾已经被扬弃，夷只不过是拥有与中国不同的文化，与中国处于对等关系——如果人们是这样认识的话，那么，我在这块土地上是完全可以跟中国人一起探讨外国文化。不过，我在这块土地上住下后不久就发现，中国整体依然背负着三元里的负遗产。

鸦片战争时，取代林则徐登场的是琦善。琦善完全改变了林则徐的做法，导致了惨重的失败。琦善采纳了懂夷语的鲍鹏的建议。如果说崇洋媚外是买办心性，那么鲍鹏无疑就是买办。我这是在中国教"夷语"吗？——远眺三元里的农田，我时常思考这个问题。因为开始教日语的时候，人们强烈拒绝将日本作为一个独立的文化来看待。这并非有意识的，而是无意识的。也正因为如此，才令人深思。在华夷关系中，华并不承认夷有文化，夷语的作用仅仅是为了处理日常业务、解决纠纷。从现代来看，就是旅行社业务、对外贸易业务以及外事办公室的工作等等。我之所以有教"夷语"的感觉，是因为教学内容完全局限于这些方面。

如果你是学习过朝鲜文化的人，肯定会知道下面的传闻。倭奴是野蛮人，穿着兜裆布就来了，说：我想学一点礼仪，能教我怎么吃吗？倭奴只知道用手抓东西吃，那就教他怎么用筷子吧，不过，没有教他使用勺子。因此，日本人至今仍使用筷子喝酱汤。不久，倭奴又来了，说：穿着兜裆布不雅，请教我怎么穿衣吧。倭奴可是野蛮人呀，那就教他怎么穿丧服吧。于是，日本人就穿上了丧服般的窘迫衣服。后来倭奴又来了，说：这次请教头上戴什么好。那家伙是野蛮人，那就教他把袜子戴头上吧。日本人现在戴的乌帽子就是这样来的。

华夷的区别，是根据是否拥有文化上的礼仪规范来决定的。《礼记·乐记》中有"礼者理也"的说法，不过，礼不仅仅是抽象的观念，也是包含了衣冠等一类具体事物在内的观念体系，中国的史书中连篇累牍地记载"夷"的风俗，就是对照礼的精神而来的。如果以礼的精神观察日本，那么，日本人就是兜裆布加日本刀的倭人，现在或许是把大把的钞票揣进兜裆布里的人。明代形成了兜裆布加日本刀的倭寇形象，日本的对华侵略战争使这种形象更加深入人心。现在，这种形象或许正在变成往兜裆布里塞钞票了。我工作的大学和附近，有不少与日军有关的遗物，如藤井部队"忠魂碑"等。日语也就是夷语吧，我的这种想法越来越强烈。

大学的教学计划内容最初只限于基础日语、旅游导游、中国革命成果介绍之类的课程，我主要负责给年轻教师们上课。上课时，我借机提出想选用通过日语了解日本文化的日语教材的建议。建议被采纳了之后，我选用了《北村透谷选集》。这些课程连续开了三年。对我来说，是一个重要转机。在中国住了一年之后，情况开始出现变化。围绕"真理与实践"的争论开始了，这一年末，也就是 1978 年 12 月，中国共产党召开第十一届三中全会，确认了走现代化道路的国策。我第一次经历了一个政治会议给社会带来如此大变化的冲击。第二年，人们开始开舞会跳舞了，跳舞风潮迅速蔓延开来。到了2月，女生的辫子在很短的时间内就变成了海螺发型，人们的衣服色彩变得鲜艳就不用说了。人们的发型和服装与礼密切相关，换言之，是衡量"理"或意识形态纯粹性的晴雨表。从这一年开始，可以根据个人的爱好自由选择服装、发型，人们逐渐从意识形态中解放出来。"夷语"的外语教学计划被会话、国情介绍等课程安排得满满的。这样的教学计划既不能满足1978年通过高考入学的学生们的要求，也不能满足党和政府推动现代化的要求。也许在这种背景下，1979年5月在大连召开了1949年以后首届有关日语教材和日语教学的全国性会议，我被邀请参加会议，并做了发言。我的发言主旨是应该以了解日本文化为教学的主要目的，此次会议上的讨论内容随后意想不到地引起了争论。我认为这一主旨已经得到认可，于是就沿着这条路线推进教学。

从那以后，我使用了许多日文原版教材，上课也改换成讨论形式。使用过的教材大致如下：时枝诚记《国语学原理》等国语学相关读物、羽仁五郎《明治维新史研究》、三枝博音《日本的思想文化》、松尾芭蕉《奥之细道》、本居宣长《初山踏》、石川啄木《时代闭塞的现状》、芥川龙之介等人的日本近代文学、竹内好的评论文章、作田启一《价值社会学》第一部、丸山真男《日本的思想》《开国》《致一位自由主义者的信》等。此外，还用了许多文章作为教材。但是，中国受中国传统影响很深。我想，丸山真男和竹内好的著作为我们如何分析现在的中国提供了很好的视角。中国人似乎不熟悉丸山真男和竹内好的思维方式，我感觉他们要达到能够理解的程度还有相当的距离。

我是战后出生战后长大的一代，价值观的多元化对我来说是理所当然的，可以说，我们是在价值观多样性的环境下形成自己的价值观的。我多年以来对中国的近代有兴趣，当然了解鸦片战争以来、尤其是中日甲午战争以来的历史过程，以及中国共产党所发挥的作用。我想误解来自对中国现状缺乏了解。不过，因为我一直把毛泽东思想当作正确的思想来理解，所以能理解现在的中国。丸山真男的价值观是在价值观的多样性不被允许的年代里形成的，因此，人们对这一点非常敏感。丸山真男的这一观点对分析中国历史和与这种历史密切相连的今日中国现状非常有用。我记得跟学生们讨论开国问题时，曾介绍开国的两种意义。开国的第一个意义当然是对外国开放，但是，日本的对外开放是以国家独立为前提的，因此，对外开放的第二个意义是国家的独立。丸山真男在《日本的思想》里有如下论述：

> 开国的意义包含了两方面的意义：在自己对外即对国际社会开放的同时，也向国际社会宣示自己是一个统一的国家。（《日本的思想》，岩波新书，1961 年，第 9 页）

丸山真男这段话说的就是这个意思。当我们用这个角度来思考开国时，鸦片战争的败北是开国吗？它只意味着门户被打开了，鸦片战争的败北也没能使天朝垮台，外交问题依旧是夷务。夷务在第二次鸦片战争中由于受到外国的抗议，才被迫改称洋务，可是，在人们的意识里，洋务依然是夷务，这种天朝意识乃至华夷意识本身就是鸦片战争失败的根本原因。其后，清朝也丧失了国家独立的基础。开国的问题不是过去一百数十年前的问题，开放政策刚开始的时候，人们才讨论开国的问题。开国不仅限于国家门户的开放，在对不同的文化开放的同时，要有自己文化的创造。很显然，仅仅把日语当作夷语来学的话，并不能适应这种开放的形势。华与夷的秩序并不是丸山真男所说的那种基于"真理的专制"的秩序，而是以理的观念建立起来的礼文化秩序，这种秩序不仅在观念上，而且还渗透到衣食住等日常生活中。因此，开放不仅限于承认真理的多样性、价值观的多样性，日常文化的多样性也应得到承认。以上文在朝鲜人中流行的传闻为例，应当承认兜裆布是一种文化。如果日本是夷（倭），那么，日本文化不是来自兜裆布，而是来自挂在兜裆布上的刀剑和揣在兜裆布里的钞票。

对于数千年来受礼文化熏陶的中国人来说，承认兜裆布是一种文化，是非常痛苦的一件事。应当承认，开放的意义还不止于这些。开放必须有自己文化的创造。

借用福泽谕吉式的说法，在能够创造价值多样性、在各种价值之间有竞争的地方才能有稳定，有活力的稳定才是真正的稳定，否则就是停滞。（《读〈文明论概略〉》上，岩波新书，1986 年，第 135 页）

丸山真男想表达的是要有文化的创造，必须保持"有活力的稳定"。真正意义的开放是必须放弃"真理的专制"，承认价值的多样性。这种观点在中国人中引起了各种各样的反响。中国政府之所以不用近代化而用"现代化"的说法，是因为它是以马克思主义为前提的近代化。因此，他们将现代化的范围限定在农业、工业、科学技术、国防四个方面。1949 年后，中国有关日本社会科学方面的书籍极其有限，占绝大多数的是井上清的著作。不过，E.H.诺曼的《日本近代国家的成立》这本书已经翻译出版了，他们不可能对丸山真男的著作一无所知。我知道有人在读丸山真男的著作，但他的著作现在还没有一本被翻译过来。也许，丸山真男的观点不但与官方的口味不符，而且还给人们带来某种困惑。最近，福泽谕吉的著作开始被翻译过来了，会产生怎样的影响，本人不太清楚。但据我所知，他的《脱亚论》备受青睐。人们关注的是中国也要脱亚的观点。我认为这是对福泽谕吉的误读。

除了丸山真男的文章之外，我还选用竹内好的文章作为教材。不用说，像"欧洲是欧洲，也不是欧洲"之类的奇妙古怪的语言表达给人们带来不少困惑，但真正的困惑在于脱亚的问题。竹内好提出的"回心文化""转向文化"与传统文化密切相关。在近代化的过程中如何思考与看待长久积淀下来的中国文化传统呢？它只是近代化的脚镣吗？我曾经给学生出了一道汉译日的考试题，是章炳麟的一篇文章。

> 诸君现在所驻的这一国（指日本），他本来自己没有学问，所以只向别国去求。求得了以后，也不想再比那国的人更高，原是这一国的旧习使然。所以欧洲人好比写信的人；这一国的学生，好比接信的人；这一国的博士、学士，好比邮便局送信的人。到学生成就了，学生又做第二个送信的人。总是在送信的地位。没有在写信的地位。（《留学的目的和方法》，收入《章太炎的白话文》，泰东书局 1921 年版）

我想，欧洲＝近代、亚洲＝传统；欧洲＝文明、亚洲＝野蛮这种思维图式不过是地理学上的解释。的确，在地理上的历史观里，近代化就是欧化。章太炎在上面的那段文字后面接着说："只望将来各项学问，都到写信的地位。"（《留学的目的和方法》）近代化最重要的，首先是以"写信的地位"为前提。关于这一点，我在福泽谕吉和丸山真男那里看到了邮递员的身影。

写这篇文章的时候，我翻了一下《丸山真男著作笔记》。说起来有点不可思议，我一直认为丸山真男穿毛衣很合体。《丸山真男著作笔记》里丸山真男的相片都是穿着毛衣的。我完全没有贬低毛衣是邮递员制服的意思。可是，日本人还是那个系兜裆布和穿毛衣的形象吗？我带着这些疑问回到了日本。

（原载《现代理论》第 257 号〔第 26 卷 1 号〕，

现代理论社，1989 年 1 月）

近现代化与中国的思想传统

一

> 之所以应该重视中国近代史的研究，也正在于中国近百年来的许多规律、因素、传统、力量等等，直到今天，还在起着重要作用，特别是在意识形态方面。死人拖住活人，封建的陈垢阻挠着社会的前进。（李泽厚《中国近代思想史论》后记，人民出版社 1979 年版，第 472 页）

以上文字写于 1978 年秋天，也就是中国共产党十一届三中全会前。同一年末，中国政府决定采取走向现代化道路的政策，这是即将对经历了"文化大革命"的中国进行手术治疗的先声，尤其是从思想层面进行清算，对中国走向现代化道路是非常有效的方法。如上所述，旧的思想依然成为活着的人的羁绊，因此，必须对过去的遗产进行清算，才能满足中国走向现代化所需要的社会条件。事实上，在中国的现实生活里，如果剥去粉饰表面的华丽辞句，就会发现在其深处仍有很多旧时代的遗物。许多中国知识分子在思考，发生"文化大革命"这一历史现象，是因为旧时代的遗物常常是借着"新"的名义出现的，这种现象无疑给现代化的前途蒙上了阴影。它是怎样给中国现代化前途蒙上阴影的呢？本文将在思想上作一宏观分析。

这里所说的思想并非专指冠以儒家思想或马克思主义之名的思想。犹如在磁场上撒砂铁，在磁力作用下，铁砂朝着一定方向移动，历史上发生的各种事件就仿佛是思想上的磁力或磁场作用下的结果。"文化大革命"结束后、尤其是 1979 年以后，出现了太平天国研究热潮。这种历史上的"磁场"在近代化中是如何发挥作用的呢？为此，我们有必要回顾数千年来所形成的历史"场"在中国近代是如何发生变化的。

二

在中国有"一治一乱"的说法，说的是历史是在治世与乱世之间交替出现和循环进行的。这种通俗的历史观从表面上看似乎是对的。嵇文甫曾经在他的著作《左派王学》中，描述了这样的"一治一乱"的图式：新封建社会建立（新王朝建立）—商业资本发展—富豪兼并—农民暴动—新封建统治建立。欲解开"一治一乱"循环发生的问题，可以从国家统治模式和社会反抗力这两个方面入手。

毛泽东在《共产党人》的发刊词里，曾论述"中国共产党的武装斗争是由无产阶级指导的农民战争"。事实上，中国革命走向胜利的根本原因在于利用农民对土地的要求，成功地将农民组织起来这一点上，这也是打败日本侵略者，消灭国民党的动力。但是，引导中国革命走向胜利的这一动力，在社会主义中国留下了各种负面影响。以土地生产手段为核心形成的人与人之间的关系、经营方法以及技术体系，给社会主义打上了它的烙印，并渗透到社会的各个角落，现在报纸上批评的社会现象大多与这种情况有关。其中批评最多的是被称为"平均主义"。

1981年，为纪念太平天国金田起义一百三十周年，举办了学术讨论会，讨论的焦点是平均主义。平均主义并不仅仅是太平天国已经过去的历史问题，而是与中国的现在与将来密切相关的问题。学术讨论会上提交的论文被收入会后出版的《太平天国史论文集》里，其中有一篇王戎笙的论文《如何看待太平天国的平均主义》。该文仔细分析了太平天国"天朝田亩制度"中的平均主义。根据此文，太平天国的平均主义有如下要点：

1. 废除私有经济，实行土地公有。

2. 农业生产品及副产品除单纯在生产所需的必要部分外，一律归国家所有。

3. 25个家庭为一单位，称"两"，"两"既是行政单位也是经济单位。

4. "小而全"，"两"单位虽小却是面面俱到的单位。

5. 平均分配，生活集体化。

6. 无劳动能力者国家包养，教育国家包办、思想国家垄断。

7. 消费实行平均主义。

8. 以上政策是父神和皇上帝的恩惠授予天下之人。

这一制度的目的是实行有田同种，有饭同吃，有衣同穿，有钱同使，大家一起过着平等无忧的生活。

本文引用的李泽厚的那段话的后面是："当偶然事件是如此的接近，历史似乎玩笑式地做圆圈游戏的时候……"对于经历过从"反右"斗争到"文化大革命"，过去的事情依然历历在目的人来说，他不会对太平天国的平均主义现象感到意外。

太平天国的历史条件与社会主义中国不同，自然在细节上也有所不同。但是，当我们把它视为一股大的社会潮流时，发现历史有如此惊人的相似之处。

平等是"平均主义"的核心。要从太平天国中证明人们追求平等的强烈程度并不是一件难事，但追求平等的结果是，太平天国的首领洪秀全变成皇帝。为什么平等的另一端会产生特权？这就是中国要走向现代化时为什么必须克服平均主义障碍的原因。

平均主义追求大同社会以及各式各样的乌托邦，目标都是均分土地。不过，均分土地这一生产资料的理论往往只关注剩余价值的均分。平均主义在推翻王朝的运动中发挥了巨大作用，但并不适合建立稳定的所有制结构。到了后来，剩余价值要么是未被投入到生产而被浪费掉，要么花费在人口的扩大再生产上。政府强力推行独生子女政策，但人口压力依然严重，尤其在农村。

这些都是平均主义造成的弊端，但平等主义的真正毒瘤在于：平等必须仰赖权威才能实现。如果没有洪秀全的权威，太平天国的平均主义就不能实施。平均主义中的平均地权并不是把土地平均分给自由、自立的个人，而是在不破坏原有的权威体系的条件下分配给有权威体系的家庭。这些拥有权威的家庭或家族是一次集团，就是说，平均主义建立在这种一次集团赋予的平等之上。这种平等主义在打破国家官僚体系方面具有革命性。但由于传统社会是建立在家族体系之上的，由于家族体系与国家官僚体系处于共生互补关系中（家族体系在中国传统社会中原本就是国家），因此这种革命只能另起炉灶，建立另一国家官僚体系才能实现。在平均主义社会里，农民可以成为官僚。只有"民转为官",才能完成其革命任务。"农业学大寨"运动的指导者陈永贵是一个典型的事例。

平均主义是以一次集团的家长权威体系的存在为前提的。它意味着,在实行平均主义的社会里,照准团体可能构成社会的基本团体。因为照准团体是根据一个规则组织起来的团体,它的规则不同于血缘、地缘的规则。越是推行平均主义,原先主张的平等理念就愈发让位于那些地缘、血缘关系团体的规则,这些关系团体在中国一般被称为"帮"。太平天国中的洪秀全与杨秀清之间的派阀,就是很好的例子。

其次,一旦试图彻底地推行平均主义,必然会走向绝对的平均。这里的平等并不是个人在思想自主和行为自主上的平等,而是不分青红皂白地在统一思想、统一行动下的人人平等。在经济上,是最低程度上的平均。在强有力的思想指导、自给自足体系和交通工具的缺乏等状态下,它不可能是生活水平中间状态的平均,只要砍掉剩余的部分就可以做到平均。"文化大革命"时期实行的"割资本主义尾巴"的做法就很能说明问题。中国领导人曾说,"文化大革命"使中国经济濒于崩溃的边缘,道出了平均主义危害的一面。在"文化大革命"中,在中国特别是在农村,人民生活水平极其低下的状况随处可见。不过,生产水平则因不同地方而有所不同,生活水平达到了最低状态时,其剩余的部分到哪里去了呢?都放在仓库里睡大觉了,有时用于平均分配,这些剩余的部分一般都成了握有特权的人的经济资源。主张男女平等的洪秀全建造大规模的后宫,"四人帮"等人曾经沉迷于奢侈的生活,至今仍是人们的谈资。

当社会建构原理作用于国家时,出现的弊端是平均主义,反过来,当国家建构原理作用于社会时,出现的问题就是官僚主义。王船山曾指出，官僚制废除了贵族制的血统，在社会创造力方面具有优越性。他主张废除身份制，对采用郡县制的秦始皇给予很高的评价。但是，这个官僚制到了传统社会末期，对有能力的人来说反而成为桎梏。在中国即将迎来近代的前夜，龚自珍对官僚制进行了无情批判，他引用了在北京街头巷尾被人传诵的"新官忙碌石骏子，旧官快活石狮子"的说法来讽刺新旧官僚：新官僚像石呆子那样忙得团团转，旧官僚像高贵的石狮子一样养尊处优，而且，只有数百年来被供奉的石狮子才具有最高官僚的资格。在官场上，发挥作用的是"资"或"资历"，在官吏考试被录用后，能力就不怎么起作用了，这些做法就是现在的"论资排辈"。现在，"资"主要指革命的经历，到将来很可能会变成学历。在近代社会，有能力的人无须走官僚制之路而埋没自己的才能，他可以选择其他出路，或者在产业界发挥才干，或专研学问。可是，在长达两千多年的官僚制的中国社会，"学而优则仕"（《论语》）几乎是唯一的选择。

"升官发财"这一古训说明，当官才能发财，这是弊端的根源所在。当官还可能生出无限的"财"，这是因为处在官的地位上，就会得到相应的特权或"权"。中国古代的官僚制是"权"与"利"相互转换的关系。在现在的中国，有些人将"向前看"的口号改换成"向钱看"。如果它是物质性的，可以通过建立"钱"（"利"）的规则来制止这种风气。但是，传统上起作用的是"向权看"。

可以对以"权"为杠杆的官僚制的正当性或合理性做如下解释。官吏录用考试以熟知儒家经典的多少为基准。而儒家经典不外乎是第一真理，第二道德的体系，这种官僚制是由真理和道德武装起来的。用真理和道德武装起来的官僚制以国家之剑君临社会，官僚制的灵魂朱子学"存天理灭人欲"就是一个典型例子，其结果就是以"权"夺"利"。王亚南在他的《中国官僚政治研究》中提出了官、商、放高利贷者、地主四位一体的概念，这一概念从本质上揭示了四位一体是以"权"夺"利"。其中，商人和放高利贷者常常是地主的附庸。我们不妨观察一下官僚与地主之间的转换方式。首先，地主将从农民那里榨取的剩余价值投资于真理和道德，通过科举——官吏录用考试当官，将"权"弄到手。"权"则运用于获"利"，获得的"利"投向土地，成为更大规模的地主。在这一过程中，商业与高利贷发挥了重要作用。这就是土地兼并的开始。这样，在官僚制下，地主大量获取社会财富，引发农民起义，成为新王朝成立、即新的官僚制的助产婆，这就是所谓"一治一乱"。官僚制社会的一大特色，就是国家建构原理与社会建构原理之间相互渗透，同时相互转化。

三

过去我们常常把国家与社会相互对立、相互渗透、相互转化这一概念与其他对立性概念混为一谈，例如"官民"对立就是这样的例子。实际上，"官"与"民"不仅能相互转化，"官"还可以利用"民"要"官"的心理把民争取过来，"民"则为了树立权威而把"官"的那一套运用到极致。"公"与"私"的关系也是如此。有些高喊"大公无私"的人会从"公"中寻找"私"的气味。因为"私"可以在"公"的遮掩下肆虐。"权"与"利"、"理"与"欲"也是这样的关系。国家制度不是孤立的存在，它必须与社会制度相结合，反之社会制度也是如此。国家与社会的矛盾并不是相互对立的，二者之间的关系是互补的，可以不断循环下去。

事实上，在中国，新的生产关系也能出现在上述传统的土壤上。尤其是在明末清初，在一定思想背景下，近代生产关系已经开始萌芽。不过，这股新潮流被国家与社会的相互渗透、相互转化的巨大海绵所吸收，无法打破国家与社会的传统屏障。之后，欧洲的近代资本主义冲击了这一传统结构，即外来的"近代"担负起了打破传统的任务。

考察自鸦片战争起至中华人民共和国成立为止长达百年的历史，可以发现，如果把这一段历史称为近代史的话，则是非常奇妙的近代史。自律的近代生产方式在中国并没有成为主流，近代思想也未能被人们广泛接受。这期间虽有不少先驱者勇敢地挑战传统封建制，但同时他们也使用同一武器来对抗外来的"近代"。他们要与传统决裂，同时追求走向近代。正因为如此，在舍弃亚洲而追赶欧洲、以此建立起近代国家的日本人看来，这是一种难以理解的复杂现象，中国社会中从一个极端走向另一个极端的大幅震荡现象也与此有关。

何为中国近代的特色？如果把中国传统国家与社会的相生相容关系概括为"官"与"民"的矛盾的话，那么中国的近代则是在尚未能解决"官"与"民"的矛盾之时，又增添了"夷"这一变量，"夷"在"官"与"民"的矛盾之上增添了新矛盾，并左右着历史的发展。"夷"的登场带来了"中"与"外"的尖锐矛盾，而"夷"之所以能成为影响中国近代的决定性因素，是因为它把"中"即"旧"与"外"即"新"的这几对矛盾带进了中国。中外之间的矛盾是以新旧之间矛盾的形式表现出来的。

一般认为，日本的近代是"官"引进了"洋"且"新"东西，并将其扩展到"民"之中。而在中国，这种近代模式几乎是不可能发生的。首先，"官"或国家体制是在悠久的历史传统与意识形态中形成的，如果以西方制度取而代之，无异于国家自我宣判死刑，这是不可能发生的。的确，"官"有吸收"洋"且"新"东西的动力。然而，当"洋"且"新"的东西演变成为动摇国家根基的武器时，就立即会被抛弃。此时"洋"且"新"或者被摒弃，或者强化原有的旧传统为己所用。中国近代，来自"官"的自上而下的"洋化""近代化"，如洋务运动、维新运动均以失败告终。除非用"夷"的原理破坏"官"体制，否则这条路走不通。另一方面，"官"也不可能走自我宣判死刑的路。

因此，实现近代化的任务是由掌握了足以抗衡"官"的思想的"民"承担的。在中国，近代化只能以"民"取代"官"，即革命的方式实现。近代以前中国，能够支撑"民"对"官"的革命思想，是平均主义，即与"官"互为表里关系的思想。平均主义无法形成独立的思想体系，最后只能倒退到"官"的传统中去。当"夷"出现并加入传统的"官""民"结构时，中国近代可以从"夷"那里引进与"官"相抗衡的理论。例如，太平天国利用基督教作为抗衡"官"的理论；在以辛亥革命为中心的革命运动中，人们的口号是欧洲近代的民主主义；中华人民共和国则采用了从"洋"那里学习来的马克思主义原理。在日本，近代"洋"且"新"的东西是由"官"引进的，在中国，则只能由"民"引进。不言而喻，在近代日本，由"官"自上而下引进的"洋"且"新"的东西在推行至"民"的过程中不断发生变化，类似情况在近代中国也出现过，由"民"自下而上引进的东西到了"官"那里也不断发生变化。而这个变量如前所述，只能是支撑"民"的平均主义。平均主义的函数随着"民"革命的程度而变化，烈度越强作用就越大，越稳健时作用就越小。因此，平均主义在太平天国革命和"文化大革命"中发挥了巨大作用。

"民"打倒"官"的中国革命是根据马克思主义这一来自"洋"的理论实现的，这与马克思主义的独特性有关。太平天国宣扬的基督教，以及辛亥革命为中心时期引进的欧洲近代民主主义均以失败告终。失败的原因有很多，但是，为什么只有马克思主义才能给"民"带来胜利呢？因为马克思主义的理论与中国近代的结构密切相关。

中国近代化的成功关键在于，在"官""民""洋"的结构中能否满足下面的两个条件。第一，"民"对"官"的胜利不是简单的"民"与"官"的更替，而是接受"洋"思想的"民"的胜利，因为"新"是由"洋"带来并被"民"接受、成为抗衡"官"的理论。第二，中国必须克服"洋"。中国的近代始于"洋"的侵略，必须进行抵抗。否则，中国只会走向灭亡。

因此，在中国近代，"洋"具有"新"与"外"的两面性。"民"若不引进"新"就无法打倒"官"；不打倒"外"就不能实现独立。正如毛泽东所言，"洋"既是先生又是敌人。对洋所带来的"近代"，必须先运用之，然后再消灭之。在近代中国，人们对"洋"的态度时而向左时而向右。例如，排斥"洋"之"新"，就成为保守主义者，必然向"官"靠拢。拒绝一切外来的"洋"，就成为排外主义者。反之，接受"洋"之"新"，就有可能成为进步的革命家。而接受外来的东西，就是

"崇洋媚外"，走到极端就是买办。如何打破"洋"这一两难困境？只有马克思主义才能够解决"洋"的两面性问题。运用马克思主义的观点来解释中国的近代历史，就是先运用"洋"，然后再消灭"洋"。这是为什么中国宣扬爱国主义，同时又宣扬国际主义的原因。具有这种思想特质的马克思主义才能克服"洋"的两面性，并发展成为革命的理论。

四

马克思主义作为解决中国近代矛盾的理论而被接受，当被运用于建构国家时，的确能产生新的社会。如果作为来自"洋"的理论的马克思主义切断了传统的"官"与"民"之间相容相生的关系，并从传统文化的素材中提取出创造新文化的催化剂，那么这个可能性就会向现实迈进一步。事实上，1949 年以后，中国的领导人和许多国外研究者也探讨过这个可能性。可是，这些论点近年来迅速销声匿迹。因为"文化大革命"时期宣扬的乌托邦已经成为泡影，平均主义造成的弊端和官僚制的腐败不断被暴露出来。毛泽东曾用"一穷二白"来形容中国的现状，这是指经济上的贫困与文化上的空白。毛泽东把这种文化上的空白看成是可以描绘美好理想蓝图的白纸。可是，这种描述在思想上并不符合中国现实。当然，在文化方面的情况也是接近于空白。然而即便如此，这并非一张可以自由描绘未来蓝图的白纸。因为在这张看似空白的白纸背后，存在着描绘各种图景的复杂磁场，当中国走向现代化时，将受到来自这些磁场的阻碍。无论是马克思主义，还是中国今后的现代化，都不可忽视这个磁场力的存在，否则就不可能实现未来的宏图。

马克思主义作为解决中国近代矛盾的理论被引进来，并指导中国革命取得了胜利。作为来自"洋"的思想的马克思主义是由"民"引进的，正因为如此，扎根于中国社会的马克思主义具有很强的实践性。这一点与理论性色彩浓重的日本马克思主义形成了鲜明对照。"民"在建立国家的实践中，作为实践性很强的马克思主义就转化为"当为"。而且，在"民"变成"官"时，获得了"当为"地位的马克思主义很容易走向教条化。现在，革命的"左"翼的言论被涂抹上保守主义色彩，而资本主义的理论却带有革新的气象。这并非马克思主义在白纸上设计中国未来的蓝图，而是随着由"洋"向"民"、由"民"向"官"的转变，马克思主义受到了磁力的影响而发生了变形，这或许更接近真实情况。使马克思主义发生变形的这种磁场依然存在着，现在依然如此。在观察未来的中国时，不可忽视这一点。

中国马克思主义的这一演变过程，是否来自马克思主义理论的内在缺陷？回答是否定的。问题来自马克思主义的音响在与"官""民"这一共鸣箱发生作用时受到的干扰系数。因此，要实现现代化，就必须重新审视基于马克思主义的革命所遗漏的磁场变革，即创造一个适合现代化的磁场。问题不在于用马克思主义一类名词表述的思想体系，而在于对人们的行为方式、思维方式、生活方式，以及生产的组织方法、经营方式等方面进行适合现代化的变革，这一变革过程将是十分艰巨的。

在思想上，完成这些变革，需要若干前提条件。马克思主义是中国革命的基石，是不能放弃的。但是，从"洋"到"民"、从"民"到"官"的过程中，应当运用不断变化的马克思主义来实现这些变革，僵化的马克思主义不可能实现这种变革。因此，有必要回到马克思主义的原点，剔除马克思主义中官样化的部分。中国采用马克思主义，但在民众层次，甚至是党员层次，有关马克思主义的知识却极为贫乏。在取得中国革命胜利的实践中，马克思主义一直发挥着重要作用。如果说中国不能放弃马克思主义，那么，就应当用马克思主义的方法对共产党进行自我调整。不放弃教条的马克思主义，就很难实现现代化。

人们本应当把马克思主义这一来自"洋"理论认真作为"洋"理论来理解，然而这一意识尚不清晰，这一点是马克思主义在"官"与"民"的共鸣箱中产生不和谐音的原因之一。如果让马克思听到人们对"唯物主义""辩证法"等基本概念的解释，他一定会感到十分惊讶。解决这一问题，在实现现代化上具有极为重要的意义。能否成功引进"洋"技术，这是实现近代化的关键。但是，无论是技术，还是通过技术生产的产品，其背后都有一定的由思想积淀形成的"磁场"——行为方式、思维方式、生活方式在起作用。如果不能理解形成这种"磁场"背后的思想，学到的"洋"技术，也难以成为推动社会发展的手段。中国要坚持马克思主义，理解外来思想是不可或缺的。排斥外来思想与盲目崇洋媚外一样，不会带来任何结果，甚至还会加剧"官""民"的共鸣箱里的不和谐音。对马克思主义的研究也一样，中国对外国的研究非常滞后。如果这种状况得不到改善，是无法实现现代化的。

毋庸赘言，改变中国传统结构的"官""民"相互转化的结构，是实现现代化的前提。这里从人的角度思考这一改变的前景，作为本文的小结。鲁迅将中国传统社会中的人物关系描绘成主人和奴隶的关系。如果不是从社会而是个人的角度看，"官"与"民"的关系的确如鲁迅所说那样，是主人与奴隶的关系，更准确地说，是皇帝与奴隶的关系。皇帝与奴隶如同"官"与"民"那样，是可以相互转化的。当"夷"入侵时，除皇帝和奴隶之外，还有两种类型的人，即买办和军阀。这四者在整个中国近代历史舞台上令人眼花缭乱地相互转换着。鲁迅以中国偏僻村庄为舞台，写作了《阿Q正传》。如果以中国的近代为舞台写作的话，阿Q很可能会被设定为在这四者中无原则地转换的人物。在电影《阿Q正传》的结尾处，编剧者添加了一句原作没有的话：阿Q虽然没有孩子，但他的子孙现在遍地都是。经历过"文革"的人对这句话一定是有切肤感受的。切断"官"与"民"相容相生的关系，从人的角度来看，就是要让阿Q"断子绝孙"，也就是要彻底否定皇帝和奴隶、军阀与买办。这是艰巨的任务，但是，如果中国能够找到解决人的问题的契机，中国的现代化的意义就不仅仅局限于中国，而可能将向世界展示一条解决人类问题的出路。

（原载《季刊中国研究》第一号，
中国研究所，研文出版发行，1985年10月）

龚自珍与清朝的衰世

一

> 浩荡离愁白日斜，吟鞭东指即天涯。
> 落红不是无情物，化作春泥更护花。

诗人龚自珍在离开自小住惯了的北平前，写下了这首脍炙人口的诗，时间是道光十九年（1839）己亥四月二十三日。在吴昌绶编辑的年谱里，就龚自珍离开北平一事有如下记述：

> 先生官京师，冷署闲曹，俸入本薄。性既豪迈，嗜奇好客，境遂大困，又才高动触时忌。至是以闇斋先生（龚自珍之父龚丽正）年逾七旬，从父文恭公适任礼部堂上官，例当引避，乃乞养而归。

据年谱记载，父亲年老、从父礼部任官和归乡是他离开北平的直接原因。这大概是为龚自珍士大夫避讳。不过，诗人逃离北平还是过于仓促，内中有一些蹊跷。龚自珍"冷署闲曹"，为官遭冷遇，微薄薪水，且有挥豪之癖。《年谱》中说："先生小时体弱，闻斜日中饧箫声则病，迨壮犹然。"诗人曾用诗来描述自身的"性"。

> 黄日半窗暖，人声四面希。
> 饧箫咽穷巷，沉沉止复吹。
> 小时闻此声，心神辄为痴。
> 慈母知我病，手以棉覆之。
> 夜梦犹呻寒，投于母中怀。
>
> （《冬日小病寄家书作》）

这是龚自珍的"性"。"饧箫"是卖糖时吹唢呐的声音，可见诗人的癖好多么纯真。年谱中说他"嗜奇好客"，不为人后。诗人与歌妓嬉戏，与车夫酌酒，与博徒为友偷钱，日参僧坊，也可能跟侠客交往。不过，这些潇洒都没有超出读书人所允许的界限。那么，诗人为何要逃离北京呢？应该是《年谱》中说的"又才高，动触时忌"。《年谱》显示了编者对诗人的体谅。"触时忌"是出于"才高"，因为"才高"而"动触时忌"。查看有关资料发现，诗人"触时忌"是常态。其原因与其说是"才高"，还不如说是嗜酒。魏源是龚自珍的好友，是与龚自珍齐名并载入史册的、中国近代黎明前的思想家，他在给诗人的信中这样写道：

> 近闻兄酒席谭论，尚有未能择言者，有未能择人者。夫促膝之言，与广庭异；密友之诤，与酬酢异，苟不择地而施，则于明哲保身之义，深恐有失，不但德性之疵而已。承吾兄教爱，不啻手足，故率尔诤之然此事要须痛自惩创，

不然，结习非一日可改也，酒狂非醒后所及悔也。

龚自珍"谭论""触时忌"，最终使他在北京呆不下去。在他的世界里，"京师"已经丧失了存在的价值。在"京师"，他整天"酒狂"，沉浸在烂醉的状态。"不如复饮求醴酾，人饮获醉我获醒"（《京师春尽夕大雨书怀晓起柬比邻李太守威吴舍人嵩梁》），是一个真实写照。

他为何选在道光十九年四月逃离"京师"？坊间的流言说，他与女诗人亦即贝勒奕绘的侧室顾太清发生了丑闻事件才逃离北京的。名士的丑闻在任何时代都会被添油加醋，对这一点，孟森在他的《丁香花》里已经证明了龚自珍的清白（收入《明清史论著集刊　续编》，中华书局 1986 年版）。当然，诗人留下的诗歌也给丑闻留下了想象的空间，他与其他女性的丑闻也是坊间捕风捉影的原因。这一所谓的"丑闻事件"在小说《孽海花》及讲解《孽海花》的《孽海花闲话》里有详细的描写。

钱穆对此有完全不同的看法，他认为龚自珍受到当时的要人穆彰阿的嫉妒。他说：

> 张孟劬告余："定庵出都，因得罪穆彰阿，外传顾太清事，非实也。"张家与龚世姻，故知之。又曰："定庵为粤鸦片案主战，故为穆彰阿所恶。"（钱穆《中国近三百年学术史》，中华书局 1986 年版）

对中国来说，道光二十年（1840）是风云激变的一年，龚自珍逃离北京正好是前一年。那一年，任钦差大臣的林则徐在广州采取强硬措施。龚自珍曾给赴广州的林则徐写了《送钦差大臣侯官林公序》一文，提出严禁鸦片的建议。这些内容与以穆彰阿为代表的鸦片"弛禁论"针锋相对。林则徐在复信中也有"阁下有南游之意"的话，可见，龚自珍是给将去广州处理鸦片问题的林则徐提出他的建议。结合这一情况分析，他在酒席中有关鸦片问题的"谭论"触犯了"时忌"，是出走北京的充足理由。

他有没有给人留下有关女性丑闻的把柄？丑闻传言中都少不了诗人，这一点很难说得清楚。在中国传统社会，散布某人与女性有关的丑闻，是陷害一个有坚定信念的人的惯用手法。这些传闻使龚自珍陷入与顾太清子虚乌有的不伦事件中。也许，雪林女士的观点接近事实真相（《丁香花疑案再辨》，载于武汉大学《文哲季刊》第一卷第四号）。

二

> 霜毫掷罢倚天寒，任作淋漓淡墨看。
> 何敢自矜医国手，药方只贩古时丹。
>
> （《己亥杂诗》四十四）

诗末附注："己丑（道光九年〔1829〕）殿试，大指祖王荆公（王安石）《上仁宗皇帝书》。"诗的大意是殿试对策完毕放下毛笔，天寒地冻中我傲然挺立。即使这是科举考试作答，我仅当随意挥洒的文字。我怎敢自夸是医国妙手，只是在处方笺上贩卖"古时丹"。这一年，龚自珍在多次科举失败后，终于通过了最大的难关——会试。在最后的考试殿试中，龚自珍在皇帝面前写下了充满自负的"对策"（殿试答案）。

龚自珍充满自负贩卖的"古时丹"的词句来自王安石《上仁宗皇帝书》。在张祖廉编辑的《定庵先生年谱外纪》里有如下记述：

> 少好读王介甫上宋仁宗皇帝书。手录凡九通，慨然有经世之志。撰《西域置行省议》《东南罢番舶议》凡数万言。

龚自珍从王安石那里得到了"经世之志"的启发，这是非常传统的信念。《年谱》中说：龚自珍自年轻时就关注"经世之志"。吴昌绶编辑的《年谱》于二十五岁条下有"由是益肆意著述，贯穿百家，究心经世之务"的记述。这些"经世之志"的著作写于更早时间，如《明良论》——君臣论是他二十三岁时写下的，著名学者、龚自珍的外祖父段玉裁曾高度评价这篇《明良论》，说"吾耄耋之年见此才，死而无憾"。这是他对龚自珍贩"古时丹"见解的评价。

龚自珍生于乾隆五十七（1792）年。这是由盛世开始转为衰世的时期。衰世的说法出现在他二十五岁时写的《乙丙之际箸议第九》：

> 衰世者，文类治世，名类治世，声音笑貌类治世。……人心混混而无口过也，似治世之不议。左无才相，右无才史，阃无才将，庠序无才士，陇无才民，廛无才工，衢无才商，抑巷无才偷，市无才驵，薮泽无才盗。则非但鲜君子也，抑小人甚鲜。

龚自珍之所以提出下"古时丹"重药的主张，是因为他看到衰世的恶化。他对《平均篇》《京师》中提出财产均等化的主张已经不抱任何希望，而把希望寄托在《尊隐》中的"山中之民"，这是典型的衰世。人们常常将他这种激烈言论看作是对"封建"的批判，并认为是一种"近代"的思想。这是一种很大的误解，这些过激言论不过是贩卖"古时丹"。

不过，这种激烈言论让龚自珍越来越远离他实现用"古时丹"方法"医国"之路。到了三十八岁仍不能取得进士资格，即使取得进士资格，他也无法实现以自己满腹经纶中的"古时丹"取得下处方的地位和"权"的抱负。他只有甘于"冷署寒曹"的现状。最后他转向标榜"经世"的公羊学派。

> 昨日相逢刘礼部，高言大句快无加。
>
> 从君烧尽虫鱼学，甘作东京卖饼家。
>
> （龚自珍《杂诗，己卯自春徂夏在京师作，得十有四首》其六）

"卖饼家"是贬损公羊学派的说法，刘礼部即刘逢禄是公羊学派的核心人物。"虫鱼之学"指乾隆、嘉庆年间风行的考据学。被讴歌为"盛世"的乾隆嘉庆年代也是考据学的鼎盛时代，准确地说是"盛世"的象征。这是龚自珍所要抨击的。他认为"衰世"的恶化起于"盛世"本身。

龚自珍写下了《杭大宗逸事状》，其大义如下：

（一）乾隆癸未之岁，杭州的杭大宗得到翰林推荐为御史，按规定接受考试。杭大宗写了长达五千字的文章。其中一条说"我朝一统久矣,朝廷用人,宜泯满汉之见"。
当日刑部就下达处以死刑的意见。乾隆皇帝广泛征求意见,
侍郎观保上奏说,杭大宗自年轻时起就放言高论。皇帝综
合其他意见后,赦免杭大宗,让他还乡。

(二)杭大宗的原文其后流散到琉璃厂。(指引起众人
注意)

(三)乙酉之岁,皇帝南巡,杭大宗迎接。皇帝问:你
靠什么活下来?杭大宗答:臣世骏(杭大宗之名)开旧货
摊。皇帝问:什么是开旧货摊?杭大宗答:买进破铜烂铁,
摆在地摊出售。皇帝大笑,写了"买卖破铜烂铁"几个大
字赐给杭大宗。

(四)癸巳之岁,皇帝再次南巡,杭大宗也在迎接名单
中。皇帝对身边的人说:杭世骏还没有死吗?杭大宗回家,
那天傍晚就死了。

(五)杭大宗主持书院时讲授"四通"。"四通"是指
杜佑的《通典》、马端临的《文献通考》、郑樵的《通志》
和司马光的《资治通鉴》。

(六)龚自珍曾得到有诗文的墨画。

龚自珍在杭大宗身上看到了自己的身影。杭世骏因为"放
言高论"而被世人视为"狂生",龚自珍自己则因为"谭论"
而被人称为"酒狂"。杭世骏买卖"破铜烂铁",从上下文看,
指的是"四通",亦即指"经世"之书。龚自珍提出"古时丹"
药方,这个"古时丹"应基于"经世之志"。杭世骏在"京师"
的皇帝面前无法生存下去。同样,龚自珍也无法在"京师"生
存而逃离北京。他用"万马齐暗究可哀"(《己亥杂诗》第一百

二十五）的诗句表达这个衰世。从《杭大宗逸事状》看，乾隆的"全盛"也是"万马齐喑"。

龚自珍所生活的时代是衰世的时代。鸦片流入，农村凋敝，人口激增，官僚腐败，农民起义等，在任何人的眼里都是衰世的象征。不过，对他而言，衰世的原因在于"万马齐喑"的状态。

我们将这种状态命名为精神萎缩，这是由盛世的"京师"带来的。

三

> 鬼灯队队散秋萤，落魄参军泪眼荧。
>
> 何不专城花县去，春眠寒食未曾醒。
>
> （《己亥杂诗》第八十六）

这首诗描绘了吸食鸦片者的状态。诗人对沉迷于鸦片的"参军"（吏员、幕僚）提出质疑，为什么不去种植罂粟的"专城"吸食鸦片呢？在那里可以一直吸食至禁止生烟的寒食日啊。他们通过吸食鸦片而沉湎于"盛世"。这是"京师"的世界。而在龚自珍看来，他已经"酒醒"，他通过喝酒而酒醒。他想逃离的"京师"已经呈现出"鸦片中毒症候群"的症状。而且，这背后还有更加严重的事态，比如"漏银"。当国家的基本货币白银因为鸦片走私而流出海外时，就会给病态的"京师"乃至整个社会带来各种严重的后果，首当其冲的是物价上涨。

父老一青钱，馎饦月如圆。

儿童两青钱，馎饦大如钱。

盘中馎饦贵一钱，天上明月瘦一边。

（《馎饦谣》）

而且，"漏银"导致税额的攀升。

不论盐铁不筹河，独倚东南涕泪多。

国赋三升民一斗，屠牛那不胜栽禾。

（《己亥杂诗》第一百二十三）

诗中的"铁盐"指国家财政，"河"是象征性表达民生的说法。国家忽视这些问题的结果，是"国赋三升民一斗"，税提高了两倍，作为国家经济基础的农业濒临崩溃的边缘。税上升了三倍与当时的实际情况相吻合，决非诗人的夸张。

沉迷于鸦片的"京师"是由圣人的语言装饰出来的。具体地说是由朱子学装点出来的，是它给清朝带来了"盛世"。龚自珍利用这位圣人的语言，或者对它进行重新解释，对"京师"进行尖锐的批判。如《京师乐籍说》。"乐籍"指的是公娼。"凡帝王所居曰京师"，但在京师到处布满了"乐籍"。这样，就可以"箝塞天下之游士"。这是为什么？

使之耗其资材，则谋一身且不暇，无谋人国之心矣；使之耗其日力，则无暇日以谈二帝三王之书，又不读史而不知古今矣；使之缠绵歌泣于床第之间，耗其壮年之雄材伟略，则思乱之志息，而议论图度、上指天下画地之态益

息矣；使之春晨秋夜为㤅体词赋、游戏不急指言，以耗其
才华，则论议军国、臧否政事之文章可以毋作矣。（《京师
乐籍说》）

士人在妓院挥金如土，浪费时间，耗尽才能、才华，将会
出现怎样的情况？

> 如此则民听壹，国事便，而士类之保全者亦众。

这就是"人心混混而无口过也，似治世之不议"（《乙丙之
际箸议第九》）的"衰世"。而且，士人专注于"明哲保身"，
导致社会整体出现精神萎缩。有亲身经历的龚自珍用真情写下
了《京师乐籍说》。道光十九年，他在逃离北京途中，顺便去
了袁浦，在妓楼遇见了灵箫。是年之秋又再次遇见她。他在
《己亥杂诗》第二百四十五首自注中说：

> 己亥九月二十五日，重到袁浦。十月六日，渡河去留
> 浦十日。大抵醉梦时多醒时少也，统名之日"呓词"。

"呓"是指梦话。在这里，诗人不是在灵箫的床上"醒"，
而是在"醉梦"中。诗人也是"京师"的居民。

在另一篇《论私》中他用过激的言辞抨击"京师"的现
状。官僚们都在标榜"大公无私"。如果"公"所标榜的是对
的，那么，

> 寡妻、贞妇何以不公此身于都市，乃私自贞私自葆

也？……今日"大公无私"，则人耶？则禽耶？

这种"大公无私"的政治或"理"的政治给清朝带来"盛世"。这种政治用龚自珍的上一代学者、生活在"盛世"中的戴震的话来说就是：

> 人死于法，犹有怜之者；死于理，其谁怜之！（《孟子字义疏证》）

龚自珍也非常了解这种政治——"京师"的问题所在。

四

诗人带着"京师"的阴影回到故乡江南，但他并不是与"京师"形成对照的"山中之民"。逃离北京两年后，也就是他父亲龚丽正去世半年后，诗人病逝于丹阳，年仅五十岁。龚自珍逃离北京和去世的过程充满谜团，有人认为是袁浦的灵箫毒死了他。

诗人回江南后写了《病梅馆记》，这篇文章依然保留他以前那种抨击"京师"的风格。江南多梅花，文中写道：

> 梅以曲为美，直则无姿；以欹为美，正则无景；梅以疏为美，密则无态。

这不是为了让梅花夭折、受伤。而那些有"文人画士孤癖之隐"的人为提高江南梅花的价值，反而把梅花弄成病态。他买了三百盆梅花种在地上，梅花长势很好，他由此发出了感慨：

> 呜呼！安得使予多暇日，又多闲田，以广贮江宁、杭州、苏州之病梅，穷予生之光阴以疗梅也哉！

诗人逃离"京师"时曾咏诗：

> 落红不是无情物，化作春泥更护花。

诗人为了"更护花"，甘愿落红变成春泥。在"京师"的梅花开不了，就应开在"山中"。"山中之民"就能让梅花绽开吗？至今仍是一个疑问。

（原载《中国古代史研究》第六，
研文出版，1989 年 11 月 15 日）

林则徐小考

一

　　林则徐的名字与鸦片战争联系起来，对他来说是幸运的。如果他的名字跟太平天国一起载入史册，他肯定会背上太平天国镇压者的骂名。林则徐被任命为讨伐太平天国的钦差大臣，在赴任途中病逝。自己的名字与鸦片战争联系起来的人，他的死是具有象征意义的。他死得太突然了，在此之前也没有任何征兆，这给人们不少随意发挥的想象空间。

　　去年，厦门大学的杨国桢出版了《林则徐传》（人民出版社1981年版），杨氏就林则徐之死做的推测非常具有启发意义。杨氏的观点如下。

　　1850年11月5日，被任命为钦差大臣的林则徐为"荡平（广西的）群丑，绥靖岩疆"从福州出发，经过漳州，16日到达潮州。在漳州老毛病疝气发作，他忍着腹痛到达目的地。在潮州，他"忽患重病，吐泄不止"，但他依然坚持强行军。22日到普宁县后晕倒，并死在床上。为什么到了潮州就"忽患重病，吐泄不止"了呢？虽传闻各异，但都有在广州的十三行"食夷之利者"买通了厨师下毒药杀死这一情节。林则徐本人临死前曾说"星斗南"这一意义不明的话,"星斗南"与林则徐的福州方言"新豆栏"同音,"新豆栏"指的是广州十三行附近的新豆栏街,暗含林则徐被人下毒杀死之意。

上面的推论皆言之凿凿。这些推论是否为事实本文并不关心,在围绕林则徐之死背后的政治博弈才是本文所关注的。

首先,假设是"食夷之利者"真下手毒害死林则徐,也并不奇怪。林则徐再次被委任为讨伐农民战争的钦差大臣,这一点令他们感到害怕。所谓"食夷之利者",指的是靠着鸦片贩贸易获利的人。保护鸦片贸易的利益,必然导致白银外流,白银外流意味着国家收入的减少,这让清朝最高统治者感到忧心忡忡,最终导致鸦片战争的爆发。白银外流引起更具破坏性的结果是导致银价上涨,银价上涨意味着用银计价的租税上涨。在鸦片大量流入之前,一两银大体等于七百文铜钱,鸦片战争时涨到了两千文。人们在日常生活中一般使用铜钱,但纳税是以银计算。就是说,租税上涨了近两倍。农村自然陷入贫困状态,农民逃离土地成为盗匪。在贫困地区,这种现象尤其严重。以广西为发源地、之后震动全国各地的太平天国运动就是这样登上历史舞台的。清朝为镇压太平天国而首先任命的钦差大臣,就是林则徐。

"食夷之利者"并不会仅仅因为林则徐被任命为钦差大臣前往镇压农民起义而感受到心理上的震撼。如果仅仅是农民起义的敌对者,他们会出于对农民的阶级恐惧和对"权""利"的投机的复杂心理而与农民完全对立,并可能以提供"利"的方式来支援镇压农民起义。因为农民起义一旦成功,对他们来说也会成为可怕的"杀戮"者。这是所谓的"剿"。如果镇压方吃了败仗,可以把一部分"权""利"交给"匪",向皇帝述职时就可以说问题已经解决，以逃脱责任。这就是所谓"抚"。官僚们在鸦片战争中贸然对英军发动进攻，败北后就全面屈服，并上奏皇帝说打了胜仗。而"食夷之利者"的态度也与此相仿，只是英军没有被"抚"而已。对"食夷之利者"来说，钦差大臣不是威胁，甚至可以视为盟友。

可是，林则徐的做法完全不同。他抓住问题的本质，并根据具体情况制订解决方案，果断付诸行动。"食夷之利者"对林则徐在鸦片战争中的做事方法仍然记忆犹新。林则徐最初在广州处理鸦片问题时，"食夷之利者"中的一人、即他们的头目伍绍荣试图"以家财效力"，意图收买林则徐，遭林则徐呵斥："本大臣不要钱，欲取汝首级！"（《东莞县志》）对林则徐而言问题十分明白，农民贫困的根源就在鸦片。的确，罪魁祸首并非仅仅是"食夷之利者"。不过，在"食夷之利者"的眼里，林则徐作为执行皇帝意志的钦差大臣出现在广州，就好像往他们头上砸下铁锤。他们害怕的并不仅是钦差大臣手中的权力，而在于林则徐直指问题本质、并运用手中权力逼"食夷之利者"就范的行事风格。

其次是"食夷之利者"可能采用的手段，这犹如在黑夜里射出的毒箭。林则徐处理问题的方法有一定的模式，有其一贯性。"食夷之利者"的行为也有一贯性，就是死守既得利益。为了达到这一目的，他们不择手段。如针锋相对的争辩、找茬、谗言、献媚，直至暗放毒箭。实际上，在鸦片战争中，"食夷之利者"的手段无所不用其极，他们行事的特点是言行的无原则和无耻。与这些人相比，林则徐言行一贯。但说到其目的，却不易说清楚。是为了国家吗？其实更像是为了清朝。是为了人民吗？其实是为了皇帝。或许可以称之为希望世道变好些吧。

总之，从他那里很难找到能与死守既得利益的"食夷之利者"们相类似的具体目标。

有关林则徐死因的各种传说，都显示了林则徐与那些"食夷之利者"是水火不相容的。杨国桢将其描绘成爱国与卖国的对立。这似乎是合理的解释。不过，这个解释也存在含混之处。爱国、卖国是非常主观的价值概念，不过是后世根据历史结局做出的解释。在一定的历史条件下，卖国贼或叛国者可以是一种荣誉，爱国者也可能是反动的。"爱国或卖国"的坐标还与"排外或媚外"，以及"对外界的理解或无知"的坐标相关联。主观的"爱国者"即客观的"卖国奴"，主观的理解者即客观的无知者，还与"排外或媚外"的坐标相关联。客观的"爱国"者是客观的理解者，不会出现在"排外或媚外"的坐标轴里。如果说林则徐的对手琦善和他手下通"夷语"的顾问买办鲍鹏是前者，那么，林则徐则是后者。当我们讨论"爱国和卖国"时，必须弄清楚这两种思想在不同背景下的区别。即使"林则徐的爱国思想"能够作为论题成立，"琦善（换成鲍鹏或伍绍荣也行）的卖国思想"也很难成为论题。另外，我感觉到"伍绍荣的赚钱术""鲍鹏阿谀奉承的一生""琦善的金权术及其失败"是可以作为一部书名的。然而，很难把林则徐与这些书名联系起来。

林则徐与"食夷之利者"在哪些问题上发生冲突呢？

二

林则徐出身贫寒，这样的人往往会受出人头地的念头困扰。不过对于林则徐来说，出身寒门却更有利于他了解社会的真实情况。他从年轻时起就对"公羊学"感兴趣，也关注"经世"。对他而言，"经世"并不是公羊学里经常看到的炫人耳目的豪言壮语，而是探索解决具体问题的具体办法。这些背景非常有利于他养成现实的平衡感。林则徐在北京进入官场时，正赶上因大旱和大饥荒引发的天理教起义。他很快发现，起义的根源在于农民的贫困，于是他提出切实可行的开发水田方案，以解决京畿地区的水利问题。天理教起义发生在皇帝眼皮底下，还进入宫城，震撼了整个朝廷。以此为契机，知识分子对"经世"的关注急剧升温。

嘉庆帝变成了道光帝，林则徐受到道光皇帝的重用，被任命为地方大员，他由此步入官僚社会，同时也因此获得了在一定范围内处理事务的权限。至三十岁过半时，他有了处理省下属单位道和省一级个别事务的权限，并参与了许多重大问题的讨论。

漕运、盐政、治河相互联系，是清朝体制下农民生产、财政、金融等相关的政治基本问题。林则徐在这方面崭露头角，取得卓有成效的业绩，开始受到皇帝的重用，并获得了民众给予的"林青天"美称。官职也迅速提升，成为朝廷的主政地方的江苏巡抚。

与林则徐在官场上步步高升相反，社会却在走下坡路，倍显疲惫。林则徐发现已经无法采取有效手段予以解决，而无法解决又带来了无人负责任，腐败蔓延于整个社会。他断言道，是"利禄徒"使社会疲敝（《答陈恭甫前辈》，《云左山房诗钞》）。而在鸦片问题上，"利禄徒"就是"食夷之利者"。

在此期间，林则徐作为解决具体事务的能手，参与解决了许多问题。他认识到，一个个问题并非互不关联的孤立个案，其背后都存在着引起社会各方对立的利益关联。他深知使这些弊端日益深重的根源存在于社会中，而且一连串的弊端之间有一定的关联性。如果把林则徐比喻成医生，那么，他就是主任医生手下的一位能对症下药的出色医生。1836年，他因工作能力出色而被提拔为两江总督，这是一个可以向皇上密报社会弊端的官职，这也正是朝廷上下开始讨论鸦片危害问题的时期。在他赴任的1836年，许乃济向朝廷上报了鸦片问题，朝廷中展开了有关如何禁止鸦片的争论。

此时的中国社会正处于鸦片危害日益深重的时期，随着鸦片流入与白银外流，银价大涨，国库亏空，农民日益贫困。但具有讽刺意味的是，作为主任医生的朝廷已经患上了鸦片中毒症。他们既丧失了对鸦片造成的后果进行全面诊断的能力，也丧失了从根本上解决问题的能力和勇气。更可笑的是，当林则徐被朝廷授权全权处理鸦片危害问题、为根除鸦片而开始实行禁烟政策时，首先站出来企图阻止的正是朝廷。

林则徐由两江总督转任湖广总督，最终被任命为全权处理鸦片问题的钦差大臣，但他与朝廷之间存在意见分歧。朝廷认为鸦片危害虽然严重，但只是一种社会问题而已。而林则徐则认为是整个社会出了毛病，不能采取简单的治疗方法，需要动起死回生的大手术。进行这一大手术时，他采取了三种方法。第一是整治官吏这一国家运营系统；第二是挖掘民间的潜力；第三是认识外部世界。杜绝鸦片、消灭鸦片的需求市场，这是林则徐采用的首要对策。不过，这一对策引发了以鸦片为武器打开中国市场的英国的全面抵制，并有可能发展为双方之间的军事冲突。因此他必须发动民众做好抵抗英军的准备，同时要加强对外部世界的了解，以先进武器替代落后武器。林则徐实施了上述的方略，如果能够得以贯彻，资本主义必将遭遇强有力的抵抗。

然而，林则徐有他致命的弱点，就是他解决鸦片问题的手术刀的使用权限掌握在朝廷手中，而已经病入膏肓的朝廷自然不可能任由林则徐充分发挥手中手术刀的作用。事实上，朝廷在英国的逼迫下，已经收回了这把手术刀。再优秀的医师没有了手术刀，也将一事无成。而且，如果在手术途中收回手术刀，动刀的地方会变成遗留伤口，医生将被迫承担责任。林则徐在那之后作为地方诊所的医生，足迹遍布新疆、陕西、甘肃、云南。

林则徐确实是对症疗法的高手，他的疗法对整治鸦片危害这种整体性病态非常有效。可是，由于患者难以接受痛苦的治疗，只得把手术刀拿走。然而，他不是那种追问何谓人体何谓人，具有哲学性思维的医生，他缺乏对中国社会整体的洞察力。我们甚至可以从他对社会整体的描述里找出消极退缩的倾向。这说明林则徐并非具有宏大构想的思想家，而只是追求具体效果的实干家。

三

林则徐解决问题时，其方法依据一定理念。相反，"食夷之利者"，说得更宽泛一点，"利禄徒"只有无原则和无耻的行为，他们的言行不依据任何思想理念，只是根据不同的情况采用不同手段而已，这是他们一味追求"利"使然。而且，由于在中国的传统社会中，无法使这种目的正当化，只能通过华丽辞句进行粉饰，或者依靠某一"权威"，并以通过暗中向其提供利益的方法使手段正当化。当使用华丽辞句和"权威"都无法达到目的时，就只能采取背后放暗箭中伤的办法了。

追求"利"或经营"利"，是人的生存手段，本不应受到指责，甚至可以说，以道德说教对这一事实进行粉饰的做法应当受到批判。林则徐本人没有否定"利"的言行。他甚至认为"民"追求正当的"利"，是他们最低限度的生存权。为保证这个最低限度的生存权，可以合理运用自己的"权"。他还主张维护"夷之利"即正当的合法贸易活动。那么，林则徐为何要对"利禄徒""食夷之利者"采取严厉措施呢？问题就在于他们追求"利"和经营"利"的方法。下面对"利禄徒"的行为方式做几点假定性推论。之所以说是假定性推论，是因为"利禄徒"们的言行因环境状况而变化，毫无逻辑或者原则可循，而历史又仅仅是记录下言行的痕迹而已。这是笔者不得不作假定性推论的原因。

"利"自然来自生产活动，并通过交换来实现价值。来自生产的"利"是人类生存的根本，不会因为有人鄙视之，而否认其客观存在。问题在于"利"的分配方式。林则徐并未谈到过什么是合理的分配方式，他只是不断对从根本上破坏"民"之"利"的分配方式提出异议。鸦片交易代表的，就是破坏"民之利"的分配方式。这种交易不但威胁"民之利"，也威胁朝廷的"利"。如前所述，鸦片交易导致农民的贫困与国库收入的减少。

林则徐反对"利"与"权"相关联的分配方式。"权"是一种权限，同时也具有浓厚的权力和权威色彩。作为处理鸦片问题的钦差大臣，林则徐在从北京赶赴广州途中，向途经的每一个停留之处都发出通知，明确表示他对"权"与"利"的处理方式。"本部堂……惟顶马一弁、跟丁六名、厨丁小夫共三名，俱系随身行走，并无前站（前锋探路人员）后站（处理收尾事务人员）之人。……所有尖宿公馆，只用家常饭菜，不必备办整桌酒席，尤不得用燕窝烧烤，以节糜费。"他之所以特意发出这样的通知，是因为在通常情况下传牌是可以要求无偿宴请的，这是有"权"者的一贯做法。甚至还有人借"权"之威谋"利"。这段故事说的虽为小事，但可以折射中国传统社会中"权"与"利"的关系。

从传统观念来看，"权"的大小与古典教养和道德，以及"权"的运用能力成正比，原则上，这是官得以确立的秩序。"权"产生"利"，这是毋庸置疑的。"官"利用"权"谋取"利"的最大化。而且，为了谋取更大的"权"，"利"又再投资于"权"，从而产生更大的"利"。"权"与"利"的这种恶性膨胀是无休止的。围绕"权"与"利"结成的集团，其规模与"权""利"的大小成正比，这些集团是巩固"权"与"利"的保证。从集团的组织性质来看，这些集团最常见的是依据血缘或者地缘关系而结成，也有依据师徒关系结成的，这些集团甚至在官场中形成派系。此外，拜把子兄弟之类的关系也是可以利用的资源。暂且把依据"权"与"利"形成的关系称为"帮"。林则徐把依据"权"与"利"形成的"帮"称为"利禄徒"，他们利用"官"与"权"谋取"利"的方法，就是赤裸裸地掠夺"民"之"利"。

林则徐非常厌恶利用手中的权来谋取私利。对于以"廉吏"自勉（《题彭鲁青大令冶山饯别图》，《云左山房诗钞》）的他来说，以权谋利不仅仅是腐败与无耻，而是足以构成剥夺其使用"权"的条件。对于他来说，"官"运用"权"，目的在于保障"民"之"利"。这是非常正统的观念。也正因为是正统的观念，他的信念从未动摇过。他认为，保障"民"之"利"是"官"之"权"赖以存在的依据，"民"之"利"丧失了"官"之"权"的保护，"权"就失去存在的条件。因此，"利禄徒"利用"权"对"民"之"利"的掠夺是不合理的。反过来，"民"以"利"为名干涉"权"也是无法接受的。他说："尔等饥寒，本属可怜。但一犯法，则不可怜而可恶矣。"（《禁止贫民借荒滋扰告示》，《林则徐集·公牍》，中华书局1963年版）"利禄徒"的言行是无原则可依的，而将他们联结在一起的"帮"也是极无原则的，只是根据环境状况而千变万化而已。从社会学角度看中国社会，"帮"可以比喻为一张由无形的经线与纬线编织成的纵横交错的网络，当"利禄徒"的"权"与"利"发生交集时，就一定会牵动"帮"的关系网。

林则徐并非完全无视人际关系的孤高之人，他珍惜血缘、地缘、师弟、朋友的情谊。不过，他不把"官"拥有的"权"与这些情谊结合起来，并以此来分配利益，他对此毫无兴趣。他只是在血缘、地缘、师弟、朋友关系上尽情谊，以保持良好关系。林则徐所关心的，是如何使"权"发挥保护"民"之"利"的作用。

"利禄徒"所依仗的"帮"与林则徐形成鲜明对照。既然称之为"帮"，其中必然存在纽带关系。不过，这种纽带依靠无原则性来维系，其中必然存在猜疑。我对林则徐身亡事件的推测是，"食夷之利者"收买了厨师，让其对林则徐下毒。这是极有可能成立的推测。再说得具体些，某些"食夷之利者"向潮州某位有权势者暗示收买厨师，让其对林则徐下毒，事后"食夷之利者"又用重金安抚相关人员，这或许更接近事实真相。至少，按照"帮"的规矩，是不会接受露骨的收买的。因为通常情况下进行露骨的收买时，必须明示证据，否则是无法进行这种完全以信任关系为前提的金钱交易的。就是说，说明根据亦即原则性和信赖关系是"帮"最缺乏的。

林则徐之死发生在广东省潮州虽属偶然，但却极具象征意义。因为在这一时期，没有什么地方比广东处于"利"的漩涡之中了，而且，从传统来看，广东是人情关系最复杂的地方，也是"帮"最猖獗的地方。

四

"利禄徒"是基于"权"与"利"的联结以及"帮"纽带形成的集团，自古以来，"帮"的行为准则就是无原则、无廉耻与无责任感。与此相反，林则徐切断了"权"与"利"的关联，为了保护"民"之"利"，不断追求合理使用"官"之"权"。而当"民"以"利"为依据干预"官"之"权"、亦即爆发农民战争时，他就把"民"视为敌人。另外，他的"权"来自皇帝，当他使用的"权"与皇帝的意志发生冲突时，必然会失宠于皇帝而失去"权"。这一事实表明，无论人们把林则徐评价为如何优秀的人物，他仍然属于传统世界里的人。

不过，近代社会不能缺少林则徐在"权"运用上所显示出来的责任伦理与合理性。后来的中国近代史，可以清楚地证明这一点。

"民"所追求的是"利"的自律性。然而当获得这种自律性后，他们往往会误用"权"，进而倒退到"权"与"利"相关联的老路上去。在太平天国中可以很容易发现这一点。"民"

所追求的具有自律性的"利"是近代社会的前提,但并非全部。中国传统社会中自"下"而上的革命失败的原因就在于缺乏林则徐所采用的方法。那么,自"上"而下的革命能成功吗?前提是必须拥有这样的近代理论:切断"权"与"利"的关联,制定合理使用"权"的规则,并描绘出走向近代社会的前景。后来的洋务运动和维新运动,更能说明这一点。

林则徐构想的近代图景带有消极保守色彩,而且也只能是这样的色彩。这是因为他试图在传统中寻找保证"民"之"利"的"权",其根据存在于传统社会中。假设他能描绘出与此相反的近代图景,一旦他公开了这一构想,他就会丧失手中的"权"。就这一点而言,林则徐绝非近代的开拓者,不过也不能因此就把他称为近代的绊脚石。近代的绊脚石是"利禄徒",他们甚至是不惜血本投资于构想近代的人。然而,后来的历史证明了那些拥护近代构想的"利禄徒"是如何阻碍近代前进的。

在林则徐切断"权"与"利"的关联和保护"民"之"利"的轨道延长线上,是创造不出近代社会的。不过,如果无视林则徐的这一政治遗产,近代社会更是遥不可及。在这个意义上,出现于中国近代史首页上的林则徐应当与鸦片战争中的其他爱国者一道被载入史册。

(原载中国民众史研究会编《老百姓的世界——中国民众史笔记》第一号,研文出版,1983 年 4 月)

第三部

章太炎的学术与革命

——从"哀"至"寂寞"

一、革命家的形象

> 凡所谓主义者，非自天降，非自地出，非摭拾学说所成，非冥心独念所成，正以见有其事，则以此主义对治之耳[1]。

对于革命家章太炎来说，革命以及革命的思想只能来自历史的现实中。革命作为其学说的归宿，不是处在空想之中，而是屹立于现实面前。现实的确是黑暗的。首先，章太炎一心维护的中国历史正处在满洲统治的屈辱之下。为此，章太炎从推翻清朝异族统治的斗争中找到了革命学说，并成为"反满"的骁将，正如鲁迅所说："太炎先生以文章排满的骁将著名的。"[2]

十分严酷的现实是，清朝使汉人成为它的"奴隶"，而帝

---

〔1〕 章太炎《排满平议》，《民报》1908 年第 21 号。

〔2〕 鲁迅《病后杂谈之余》，收入《且介亭杂文》，鲁迅全集出版社 1941 年版。

国主义使清朝成为列强的"奴隶",从而使中国陷入"陪隶"——二重奴隶的现实。[1]

章太炎所直面的现实是这样的,这里存在中国近代的两难困境。正如罗伯斯庇尔以罗马共和国之名举行资产阶级革命那样,章太炎也是以中国历史之名鼓吹资产阶级革命。然而,阻挡资产阶级革命的不仅有清朝异族的封建统治。清朝是十七世纪中国封建社会陷入危机时,力图维护封建礼教的地主阶级依靠武力建立的统治政权。在章太炎所处的时代,清朝统治者不过是依靠惯性续命。而利用这一机会试图置中国于死命的是帝国主义。在章太炎的面前,资产阶级革命带来的近代资本主义,以其变成的帝国主义阻拦着自身前进的道路。包括章太炎在内的中国资产阶级革命家们必须在某种意义上超越资产阶级革命。列宁在谈到孙中山时,敏锐地指出了中国的困境:

> 中国社会关系的辩证法就在于:中国的民主主义者真挚地同情欧洲的社会主义,把它改造成为反动的理论,并根据这种"防止"资本主义的反动理论制定纯粹资本主义的、十足资本主义的土地纲领![2]

对于中国的革命家而言,资本主义是老师,同时又是敌人。毛泽东指出:

---

[1] 参照章太炎《客帝匡谬》,见《訄书(重订本)》。参照本书 199 页的脚注〔1〕。

[2] 列宁《中国的民主主义与民粹主义》,《列宁斯大林论中国》,解放社 1950年版。

帝国主义的侵略打破了中国人学西方的迷梦。很奇怪，
为什么先生老是侵略学生呢？中国人向西方学得很不少，
但是行不通，理想总是不能实现。[1]

对章太炎来说，这种现实既是革命的起点，也是革命的终
点。章太炎追求的革命是资产阶级革命。但是，现实是令人十
分绝望的：如果不否定资产阶级革命带来的近代社会，革命就
一步也无法向前推进，未来的希望将完全破灭。现实黑暗并不
可怕，因为如果未来是光明的话，革命家仍然可以追求梦想。
可是，原以为能给人们带来唯一希望的近代资本主义却变成了
帝国主义，帝国主义不仅极力维护黑暗的现实，而且还一味使
这种黑暗统治永久化。章太炎认为，对黑暗的现实视而不见，
把"革命"的前景描绘成光明的未来，这种"革命"无异于投
机。革命要在现实的黑暗中寻找出路，未来未必有光明。

但不是正因为黑暗，正因为没有出路，所以要革命的
么？倘必须前面贴着"光明"和"出路"的包票，这才雄
赳赳地去革命，那就不但不是革命者，简直连投机家都不
如了。[2]

鲁迅的这句话，可以完全用在他的老师章太炎身上。
在章太炎看来，帝国主义侵略是在近代文明中借文明之名
使侵略正当化的行径。

[1] 毛泽东《论人民民主专政》，《毛泽东选集》（一卷本），人民出版社1964
年版。
[2] 鲁迅《铲共大观》，收入《三闲集》，鲁迅全集出版社1941年版。

　　然后知文明愈进者，其蹂践人道亦愈甚。[1]

　　对现实的这一把握，使历史学家章太炎抛弃了进化论史观。他认为，在历史现实中，相对的进步即带来相对的退步，章太炎把这种对历史现实的定义简称为"俱分进化"[2]。大凡相信进步的资产阶级历史学家面对过去时，通常以大量的事实填充均质、空虚的历史时间，据此论证现实的由来，论证他们处身其中的现实的正当性，使自己所处的现实正当化。而当面向未来时，他们用未来的光明来遮盖现在的阴影。章太炎十分敏锐地感受到了这一点。他无法将革命视为自然进程中的一个阶段，更不能无条件地把自己作为革命的主体加以肯定。

　　章太炎的确追求资产阶级革命。不过，在他看来，资产阶级革命不是告别传统的中国历史，将西欧的近代文明移植于中国社会。他认为，中国历史应恢复其民族的主体性，为了不被历史所抛弃，必须克服原有的封建制度。[3]因此，章太炎将历史的探索归结于革命，以革命促进历史的探索，用民族主体性的历史指引资产阶级革命。

　　帝国主义侵略的现实宣告了他所追求的革命不可能是一帆风顺的，于是开始了他充满苦涩的革命生涯。在这个过程中，他发现了唯识论。在唯识论中，他使自己建构的革命理论即作为民族主体性的历史相对化。他取得了理论上的成功，但在现

---

〔1〕　章太炎《记印度西婆耆王记念会事》，《民报》1906 年第 13 号。《驳神我宪政说》（《民报》1908 年第 21 号）也有"愈文明者，即愈野蛮"的说法。参见胡绳武、金冲及《辛亥革命时期章炳麟的政治思想》，湖北省哲学社会科学会联合会编《辛亥革命五十周年纪念论文集》，中华书局 1962 年版。
〔2〕　参章太炎《俱分进化论》，《民报》1906 年第 7 号。
〔3〕　参章太炎《社会通诠商兑》，《民报》1906 年第 12 号。

实的革命中失败了。他在唯识论、无的世界中，将革命相对化，并在理论上将其置于实现无的一个阶段中。在这一完美无瑕的理论体系里，已经没有了接纳新的历史胎动的空间。创造这种完美无瑕理论的章太炎所向无敌，但也正因为这一点他走向了失败。而这一糟糕的结局是因为他从自己的思想中排除了革命中失败与背叛的可能性，他在自己的革命取得胜利时，就彻底排除了革命的辩证法。

鲁迅思想开始形成于辛亥革命和章太炎革命的高潮，鲁迅晚年时常提起辛亥革命和章太炎：

> 中国自民元革命以来，所谓文艺家，没有萎黄的，也没有受伤的，自然更没有消灭，也没有苦痛和愉悦之歌。这就是因为没有新的山崩地塌般的大波，也就是因为没有革命。[1]

鲁迅清楚认识到辛亥革命只是徒具虚名，并将这一感受称为"寂寞"。

章太炎曾经谈到过"哀"，以此来表达对历史的这一虚无感，并以"哀"为动力去播种——播撒革命的种子，试图奋力夺回历史。

> 彼播种者，以其至哀，内恕孔悲，施之于孙子。[2]

---

〔1〕 鲁迅《马上日记之二》，收入《华盖集续编》，鲁迅全集出版社 1941 年版。

〔2〕 章太炎《播种》，见《訄书（初刻本）》，《章太炎全集》（三），上海人民出版社 1984 年版。

这样的革命家，同时也是怀揣匕首走向死亡的恐怖主义者：

> 其间贵者，独有密怀匕首，流血五步，与夫身遭厄困，百折而不回者，斯乃个人所为，非他能代，故足重耳。[1]

章太炎此时大概想起了邹容，邹容受到他思想的影响，也因为他的思想而死于狱中，他不由自主地将自己投射于年轻的邹容身上。他把自己跟革命视为一体。如果说夺回历史是革命，那么国学大师章太炎同时就是革命家章太炎。这种将自己与革命视为一体的心绪后来在飞向无的世界时，并无丝毫变化。革命后的章太炎经常说起自己一手创造了中华民国。[2]中华民国这一名称来自章太炎的提议。不过此时中华民国已经全无革命的意味。[3]因此，"哀"已经不再是革命的发条了。

鲁迅在辛亥革命中看到了革命的空洞与虚无，这也是文学家鲁迅自身的空洞与虚无。

> 我是不相信文艺的有旋转乾坤的力量的。[4]

鲁迅没有把自己和革命视为一体。他也谈起身怀匕首的复仇者。

---

〔1〕 章太炎《国家论》，《民报》1907 年第 17 号。
〔2〕 例如《袁世凯窃国记》中记载他写给陆建章的信里有"中华民国由我创造"的话。
〔3〕 参见《民报》1905 年第 15 号《中华民国解》以及鲁迅《且介亭杂文末编》收录的《关于太炎先生二三事》。
〔4〕 鲁迅《文艺与革命》，收入《三闲集》，鲁迅全集出版社 1941 年版。

> 你还不知道么，我怎么地善于报仇。你的就是我的，
> 他也就是我。我的魂灵上是有这么多的，人我所加的伤。
> 我已经憎恶了我自己！[1]

章太炎的恐怖主义者是革命家，而鲁迅则明确意识到恐怖主义者不是革命者，而是被革命者。章太炎将自己和革命视为一体，并把革命的国学家也置于无的世界中，因而未能进一步扬弃革命和国学的内在矛盾。而文学家鲁迅一直处于寂寞中，以怀疑的态度看待革命，未将文学家和革命家视为一体。章太炎丧失了革命的辩证法，只能筑起与现实隔绝的壁垒。而鲁迅则对历史现实保持着清醒认识，这一内在契机使鲁迅在自己的思想里寻找到无产阶级。

章太炎和鲁迅一开始都是以资产阶级革命家的姿态出发的，资产阶级革命家所承担的历史使命是反帝反封建，将其换成"近代"的语言，即他们反封建就要接受近代，同时又要反帝，因此必须否定近代。他们走的是一条以死求生的道路。章太炎将这一矛盾上升至无的世界，并在那里停下了脚步。鲁迅则怀着"寂寞"走自己的路。当实现近代、也即是扬弃近代的无产阶级登上历史舞台时，章太炎愈发高筑起当初建造的壁垒以回避现实，鲁迅则全身心地接受了这一现实。鲁迅由"哀"转向了"寂寞"。

不过，鲁迅的思想处于章太炎所铺设轨道的延长线上。鲁迅在晚年曾批判章太炎试图从唯识论中寻找出路。[2]鲁迅通过

---

〔1〕 鲁迅《铸剑》，收入《故事新编》，文化生活出版社1935年版。
〔2〕 参许寿裳《亡友鲁迅印象记》十三"看佛经"，人民文学出版社1953年版。

这种批判——其实也是对自己的批判——继承了章太炎。
1936 年 6 月，鲁迅多次说要写一部横贯四代、时间跨度为三四
十年的知识分子的长篇小说，第一代的人物就是章太炎。[1]鲁
迅直至生命的最后时刻仍在寻求章太炎对历史发出追问。

二、光 复 历 史

> 吾所谓革命者，非革命也，曰光复也，光复中国之种
> 族也，光复中国之州郡也，光复中国之政权也。[2]

章太炎发出这一宣言时，革命意味着夺回历史。从清朝和
帝国主义的双重压迫中将被压迫民族的汉族中国解救出来，夺
回自己的历史，这既是光复也是革命的全部。只有在光复历史
的过程中才能拓展崭新的未来。[3]不过，章太炎所说的历史并
非抽象的历史概念。他所说的历史包括探寻与语言、风俗相关
的历史，是包括所有这些内容在内的完整历史，也被称为国
粹。[4]章太炎是第一位以探寻历史——国粹的方法建立其思想
体系的思想家。对历史的探求最终导向革命，革命促进了对历
史的探索。章太炎是如何探索历史的？他对历史的探求又是怎
样归结于革命，支撑革命理念的？我们这里进入貌似与革命无
关的考据学世界，再拨开朱子学的迷雾，从中寻找答案。

---

〔1〕 王冶秋《辛亥革命前的鲁迅先生》，新文艺出版社 1956 年版。
〔2〕 章太炎《革命之道德》，《民报》1906 年第 8 号。
〔3〕 参章太炎《革命军序》，《苏报》1903 年 6 月 10 日。
〔4〕 章太炎《訄书》（重订本）《哀焚书》及章太炎《演说录》，《民报》1906 年
　　 第 6 号。

在中国，通常是怎样把握历史的？一位法国学者说过："所谓中国哲学，目的是教给人们认识小宇宙与大宇宙的严密符号，对每一个事物和每一个人，而是——确定符合它们自己的位置和名称，以'礼'（correction）规定为最基本的道德，在这里完全不存在斯多葛式犬儒主义的逃避之路。"〔1〕在中国，礼是最基本的，所有的事物和人只是礼的历史附庸。如果用"抽象继承法"来考察礼，那么，正如这位法国学者所言，礼可以说是事实的镶嵌细工，同时也是事物赖以展开的秩序与内在真理。〔2〕对孔子和孟子而言，历史中"礼"的意义是奴隶制的上层建筑，而对董仲舒和朱熹而言则是封建制的道德体系。在他们那里，礼不是人类社会运行的自然秩序与内在真理，而是受到"天""理"约束、束缚和扼杀人的实践的规范。礼由此获得了基督教中上帝的地位，凌驾于历史之上。

在中国，君临的是"礼"，不是"神"。〔3〕

中国历史是礼的历史，是压在人们身上的大山。在五四运动中登上历史舞台的无产阶级对礼教"人吃人"的批判就是很好的注脚。

---

〔1〕 梅洛-庞蒂《符号》"哪里都有，哪里都没有"Ⅱ"东洋与哲学"，竹内芳郎监译，东京，みすず书房 1980 年版。编者按：中译本作"中国哲学的外部形式取决于它所表达的人与自然的关系——有哪一种西方学说讲过如此精确的大宇宙和小宇宙的和谐，为每一个事物和每一个人规定——不是斯多葛主义轻视一切的脱身之计——恰如其分的一个位置和一个名称，把'中庸之道'当作最高的美德？"姜志辉译，商务印书馆 2003 年版，第 165 页。

〔2〕 梅洛-庞蒂《人的科学与现象学》，收入《眼与心》，泷浦静雄、木田元译，东京，みすず书房 1979 年版。

〔3〕 鲁迅《陀思妥耶夫斯基的事》，此文章是用日文写的。

历代统治阶级是如何将礼作为意识形态的？首先，将礼体系化，使之成为维护封建制的意识形态，处于其顶峰的是朱子学。对朱熹或理学家来说，礼的命题就是《礼记》中的"礼者理也"。"礼即理"[1]这一理学命题，遭到清朝考据学者的批判，他们主张把理改换成礼。不过，章学诚认为，朱熹也是考据学的先驱[2]，他对礼与理的关系采取比较慎重的态度。

> "克己复礼"，不可将"理"字来训"礼"字……见得礼，便事事有个自然底规矩准则。
>
> 礼者，天理之节文，起居动作，莫非天理。[3]

朱熹的立场是，当事以理存在时就是礼，他说："礼者理也。"不过，这个理被王廷相批评为"悬空独立之理"[4]，王船山则指出这是"虚悬孤致之道"[5]，这是一种普遍的抽象存在。的确，朱熹给出了事（小宇宙）与理（大宇宙）的严密符号，并把礼视为最大的德。不过，这一理并非"事"原本的自然秩序，也不是"事"的自然内在真理，朱子的理在事之上，是主宰事的先验性之理。

在历代统治阶级的意识形态中，礼处于意识形态的核心，不过，礼又只能在现实的社会关系、阶级关系中发挥作用。礼

---

[1] 丘濬编《朱子学的》卷下，上海商务印书馆1936年版。

[2] 章学诚《文史通义》卷三《朱陆》，古籍出版社1956年版。

[3] 黎靖德编《朱子语类》卷四十一，中华书局1986年版。

[4] 王廷相《太极辨》，《王氏家藏集》，台湾伟文图书出版社1972年版。

[5] 王夫之《周易外传》卷三"咸"，中华书局1962年版。

是怎样发挥作用的呢？这主要体现在两个方面，一是家族，二是文字。

第一，作为家族精神的礼。

黑格尔在《历史哲学》中说：这个国家的精神"来自普遍性原理。所谓普遍性原理，就是实体的精神与个人的精神的统一，其实就是覆盖这个世界上人口最多国家的'家族的精神'"。中国的封建统治可以分割为各个家族单位，国家就是以家族为原型建立起来的。在这一家族中，父对子、夫对妻拥有绝对的支配关系。从农民到地主、从地主到皇帝也是以家族单位为原型的。与家族单位一样，从农民到地主、从地主到皇帝是自上而下的绝对支配。这一支配关系是礼充分发挥作用的空间。的确找不出像孙中山那样的革命家，对家族关系以及宗族做出独自的解释，并将其作为走向民族主义的一步。[1]然而，如果不破除父权、夫权，家族原理是无法转化为革命原理的。

第二，对文字的崇拜。

在这一统治系列下，家族精神不仅以礼为根据。地主阶级坚信"特定的个人或集团作为中介处于真理与其他成员之间，其他成员只有通过这个中介才能与真理发生联系"。[2]父、夫，即统治者正因为身为父、夫，而使支配获得正当性，而且这一正当性还因为他们手中握有"真理"，这个真理就是孔孟的说教。"天不生仲尼，万古如长夜"[3]，这完全暴露了道学者声

---

〔1〕 孙中山《三民主义》"民族主义"第五讲，上海商务印书馆 1947 年版。

〔2〕 小松茂夫《历史与哲学的对话》第一章"哲学的必要性与必然性"。

〔3〕 这句话原见于宋代唐庚的《唐子西文录》，此引自李卓吾的《焚书》卷三《赞刘谐》。

称真理就在我手里的心理。而且，这个"真理"并非存在于其他什么地方，只存在于"文字"中。

> 为学之道，莫先于穷理。穷理之要，必在于读书……欲穷天下之理，而不即是（经训史册）而求之，则是正墙面而立尔。此穷理所以必在乎读书也。[1]

在封建社会，文字只掌握在读书人即地主阶级手中，也即是真理掌握在读书人手中。"真理"存在于文字中，这种对文字的崇拜，在统治体系里则通过科举使官僚制得以巩固。

统治原理渗透至家族单位，以家族原理为基础建立起统治序列，对文字的独占亦即对真理的独占，以此为基础建立起官僚制权力机构，这就是朱子学中礼的本质，也是中国封建制的完成形态。朱子学者把礼规定为理，并将其正当化，这是朱子学者的责任。对他们来说，所谓历史只不过礼在时间序列上的展开与延续，所以掌握着"真理"的读书人就是历史的主体，而作为历史发展动力的人民只是历史的附属品，或者是破坏礼以及"文化"的叛逆者。

如何摆脱作为理的礼的世界？其整个过程贯穿于国学家章太炎的思想，并最终走向革命，其起点则始于礼赖以存在的封建土地所有制受到冲击、资本主义开始萌发。从时间上看，这一革命始于明末。此后，经过了李卓吾的左派王学，王船山和方以智的气之学，始于顾炎武后来至戴震达到顶峰的考据学，师承黄宗羲、全祖望、章学诚的浙东史学，颜元和李恭的颜李

---

〔1〕 朱熹《朱子文集》卷十四，北京商务印书馆 1936 年版。

学派，以公羊学为理论武器的资产阶级改良派，等等。尽管程度上有差异，但都对作为理的礼或者理学进行了批判。有一些是从根底上进行批判的，另外一些则只是加强了对朱子学的支持。其中，章太炎的学术受考据学与对考据学加以批评的章学诚的影响最大。

考据学出现于 17 世纪，即明清之际。17 世纪的中国在社会、政治、思想方面均发生了巨大变化，某思想家将他自己经历的这个世纪形容为"天崩地解"的世纪。[1]造成这一动荡的核心就是资本主义的萌芽，这是经历了"天崩地解"的思想家们无法把握的。生活于这个时代的人要思考的课题是"理学之终结"[2]，即如何在思想上超越理学——这个理学就是在封建社会后期一直占据主导地位的朱子学的"理"，亦即戴震所说的"人死于法，犹有怜之者；死于理，其谁怜之"的"理"[3]。在这个意义上，他们是侯外庐所说的早期的启蒙思想家[4]，他们又是为应对李自成、张献忠的农民战争及东南各省的民变——市民起义的革命形势而产生的抵抗清朝的思想家。这样的反抗思想必然要求对中国封建体制的核心思想——理予以批判，并在批判中产生新的理论。后来被人称为明末四大儒学者的顾炎武、黄宗羲、王船山、颜元是颠覆性的批判者。他们分别用气、经、史、事来对抗朱子的理：

〔1〕 黄宗羲《南雷文定前集》卷一《留别海昌同学序》，北京商务印书馆 1936 年版。
〔2〕 杜国庠《论"理学"的终结》，收入《杜国庠文集》。
〔3〕 戴震《孟子字义疏证》。章太炎常言及戴震此语。
〔4〕 侯外庐《中国早期启蒙思想史》（《中国思想通史》第五卷）以王船山、顾炎武、黄宗羲、颜元开始。

1. 王船山和方以智的气；

2. 顾炎武的经学；

3. 黄宗羲及其浙东学派的史；

4. 颜元及其学派的事。

在整个清代，考据学成了补充和完善作为清朝官方意识形态的朱子学的学问。

对于这些反抗思想家来说，后来成为考据学口号的"实事求是"也不仅仅意味着对事实碎片的探究。承认"事"（在朱子学里，事从属于理念上的理）的第一性，亦即承认世界首先是以"事"的存在为基础的，这使他们的新世界观与民族主体性保持统一。例如，在顾炎武那里，经学就是名副其实的"经世致用"之学，而除了王船山，无人能够动摇朱子学的根基。他们虽然最终未能回应时代的要求而把握住世界，也无法与朱子学的世界相抗衡，但是作为反抗者，他们的"事"保持着民族主体性的统一性。然而，时代状况一旦变化，"事"就变成了事实的碎片，成为补充朱熹"理"的材料，于是出现了专门的考据学。考据学几乎涵盖了反抗运动思想家的所有命题，而无视其实践性。这样一来，考据学就不再是反抗运动思想家们那样的经世致用之学，而成为了对经书的文字诠释之学。考据学在整个清朝积累了庞大的研究成果。不过，考据学一直致力于记述作为事之礼，其本身包含着巨大矛盾。考据学虽然不断以具体事实点缀作为理之礼，但同时也走到了一个起点：力图以事为媒介、将被视为理的世界作为历史来重新把握。考据学的这一内在矛盾终于孕育出了将世界作为历史来看待的思想家。这些思想家没有将考据学带回到朱子学中去，而是走向了批判之路。章学诚生活于考据学达到顶峰的乾隆、嘉庆年代，他为章太炎的学说提供了思想框架。

章学诚提出的"六经皆史"，没有将考据学带回到朱子学中去，而达到了能够对其进行批判的新高地。在章学诚之前，也有不少人提出将经视为史的命题，这些命题散见于王通、陈傅良、宋濂、王阳明、李卓吾的观点中。[1]不过，在明末清初以前，这些观点都没有被提升至理论的高度。至明末清初，在"理学之终结"过程中，出现了一批从根底上追问经与史的关系的思想家。其中，焦竑的文献学[2]、费密的学术史的观点[3]、船山的有关经学是王制的观点[4]、受邵念鲁影响的颜李学派的主张[5]、章学诚鄙视的袁枚史学[6]等，都对章学诚思想的形成产生了影响。不过章学诚本人也说过，他的学术主

---

〔1〕 王通《文中子》卷一。"王道"在王通和章学诚的学说里有很大分歧。参周予同、汤志钧《章学诚"六经皆史"说初探》（《中华文史论丛》第一辑）。陈傅良《止斋先生文集》卷四十《徐得之左氏国纪序》（商务印书馆1936年版）。宋濂《龙门子凝道记》卷下《大学微》。王阳明《王文成公全书》卷一《传习录》上。李卓吾《焚书》卷五《经史相为表里》。全祖望在《宋元学案》中将南宋以后的学术划分为朱子学、吕学、陆学三派。曹聚仁认为其中吕学是浙东学派的渊源。曹聚仁《国学十二讲》第八讲 三"浙东学派"。

〔2〕 刘师培《国学发微》，收入宁武南氏刊《刘申叔先生遗书》，1936年。此书是赓续章学诚《文史通义》之作。

〔3〕 胡适《费经虞与费密——清学的两个先驱者》，收入《胡适文存》。章学诚通过费密之子费锡璜文集《贯道堂文集》了解费氏家学。又参侯外庐《中国早期启蒙思想史》十三章第一节。

〔4〕 侯外庐《中国早期启蒙思想史》（人民出版社1956年版）。章太炎在《致吴君遂书六》言及傅山，见汤志钧《章太炎年谱长编》上册。"五经王制论"见于《霜红龛集》卷三十六。

〔5〕 姚名达《邵念鲁年谱》附录《邵念鲁与章实斋》，商务印书馆1930年版。

〔6〕 袁枚《随园文集》卷十《史学例议序》；参钱穆《中国近三百年学术史》第九卷（中华书局1986年版），杨鸿烈《袁枚评传》第六章（文海出版社1966年版）。

要来自由黄宗羲、万斯大、万斯同、全祖望等人所继承的浙东学派。

> 浙东之学，言性命者必究于史，此其所以卓也。[1]

性命之理已经记载于经书中，但经书只能作为记述事的史存在，这是浙东学派的立场，也是章学诚的立场。从这个立场出发，章学诚展开了六经皆史的理论，其骨架见于《文史通义·原道》中，其主旨如下：

1. 记载道的经是记事之史。（《原道》上）
2. 经与史、道与事虽然不幸分离，但它是历史之必然。（《原道》中）
3. 经与史的合一性如何能恢复？其条件如何？

章学诚设定了这些问题之后，论述了何为真的史学、何为道。何为道？他认为道不可能是先于事或者器的范畴。"道不离器，犹影不离形。"[2]他认为道通过事或器方得体现。"道因器而显。"[3]因此，道只能通过事或器而被认识。"即器以明道。"[4]

在章学诚看来，道并非朱子学所说的先验之理，而是从事物的历史沉积中发现的自然之秩序。

章学诚就是这样以史来对抗朱子学的理，在某种意义上，

---

〔1〕　章学诚《文史通义》卷五《浙东学术》，北京，古籍出版社1956年版。
〔2〕〔3〕　同上书，《原道中》。
〔4〕　章学诚《文史通义》外篇《与朱沧湄中翰论学书》。

与以事对抗理的考据学相通。不过，与考据学不同的是，他没有进行理或事的二者择一。他承认事的第一性，排斥朱熹的先验之理，而专注于创造新原理的道。即，从章学诚的角度看，他要扬弃的是与朱子学处于同一地平线上的考据学。他要从撰述（即个性化的撰述）的实践性中寻求突破口。

章学诚主张"六经皆史"，就是经即史。然而，这再次导致不幸分裂。那么，如何实现六经皆史？首先要立足于"今"。因为在作为史的经里，记载了古代的事，没有记载"今"之事。这样，我们就不得不"因今之所宜而断之"，这也是各个历史学家的任务。因为"今"之观点不可能是各个历史学家算术总和的平均值，"真正的史学产生于具有个性的人格"。[1]

章学诚所说这样的"史"的记录者将事与理、过去与未来辩证地统一于记录过去与未来的实践中。这个"史"一直延续至龚自珍的"史氏"和章太炎的"国学大师"那里，最终发展为革命，这一过程孕育了新的历史胎动。

考据学的学者也未能消弭其内在矛盾。考据学以事对抗朱子学的理，但在对事的探究中难免对朱子学者坚信不疑的事实产生质疑。他们发现，一直被认为记述理的经实际上是伪经，由此对文献的批判迅速展开。与此同时，小学即语言之学也得以迅速发展。他们能够相信的已不是抽象的理，而是作为事的礼，以及记述礼的语言。处于考据学顶峰的戴震说：

> 贤人圣人之理义非它，存乎典章制度者是也……理义

---

〔1〕 岛田虔次《历史的理性批判——"六经皆史"说》，林达夫、久野牧编《历史研究》，东京岩波书店 1969 年版。

不存乎典章制度，势必流入异学曲说而不自知。[1]

所谓典章制度即是礼。据刘师培的看法，戴震与继承其学术精神的扬州学派尤其专注于礼。

徽州学派传播扬州，咸精礼学。[2]

戴震更进一步说："经之至者道也。所以明道者其词也，所以成词者字也。由字以通其词，由词以通其道。"[3]他所说的道，决不是如朱子学的理那样的先验性范畴。道"指其实体实事之名"，从人的角度看，"人伦日用，咸道之实事"[4]，而记述道的媒介正是语言与文字，语言与文字从理中解放出来。

考据学的"礼学"和"小学"，到了章太炎那里则为风俗与文字，构成了民族主体性历史的重要因素。

章太炎具有上述这样的思想背景。他依据章学诚的理论，与考据学所达到的高度统合起来，这构成了章太炎学术的基础。章太炎谈到自己的学术来源时曾表示：

1. 由戴震—段玉裁、王念孙—俞樾、孙怡让传承下来的小学传统；

2. 由黄宗羲—万斯同—全祖望传承下来，由章学诚理

〔1〕 戴震《戴震文集》卷十一《题惠定宇先生授经图》，中华书局 1980 年版。
〔2〕 刘师培《南北考据学不同论》，《国粹学报》1905 年第 9 期。
〔3〕 戴震《戴震文集》卷九《与是仲明论学书》。
〔4〕 戴震《孟子字义疏证》卷下，古籍出版社 1956 年版。

论化的史学传统；

　　3.发源于戴震、在与浙东史学交流中形成的黄式三、黄以周父子的礼学传统。

这就是构成章太炎学术的三个学术来源。[1]而将小学与礼学统一于"史"，是章太炎对顾炎武以来的学术所做的总结。不过，这个总结尚未达到形成理论框架的程度。

　　今夫血气心知之类，惟人能合群。群之大者，在建国家，辨种族。其条列所系，曰语言、风俗、历史。三者丧一，其萌不植。[2]

章太炎认为，"学"是明确民族主体性的实践。在他看来，历史的探求除了要根据考据学考察具体事实，并揭示其作为历史客体的内在关联之外，还必须夺回历史学家作为主体所生存之处的历史，这是章太炎从考据学中得出的结论。这样，作为历史客体的是民族主体而不是清朝统治者。考据学的批判者，包括章学诚在内，得出了把朱子学之理视为历史的结论。其中，章学诚依据"史"的实践性，宣告了人的主体性的复兴。而对章太炎来说，这一"史"的实践性就是夺回中国自己历史的革命。

　　章太炎确立了以民族主体性的历史为自己的思想之后，他将要追求什么样的世界？仅从表面上看，很容易得出就是资产

---

〔1〕　章太炎《清儒》，《訄书》（重订本），收入《章太炎全集》（三）。
〔2〕　章太炎《哀焚书》，《訄书》（重订本），收入《章太炎全集》（三）。

阶级世界的结论。可是，当人们深入思考章太炎到底是属于哪个阶级的革命家时，研究者们的结论大相径庭[1]，因而不能简单地确定为资产阶级世界。在摆脱中国封建制思想体系——朱子学的过程中，章太炎所处的位置是十分突出的，但以此简单地推断章太炎所追求的是资产阶级世界，是难以成立的。而且，1900 年义和团运动以后的历史现状，决定了中国即使摆脱封建制，也无法直接建立资产阶级国家。帝国主义的侵略使中国产生了这样的资产阶级革命家：他们必须宣告资产阶级世界已经死亡，否则自己就无法生存。

章太炎的目标是立足于中国自身的历史，创立新的中国。在这个意义上，他的确是资产阶级革命家。不过，章太炎早已意识到，作为近代资产阶级社会怪胎的帝国主义正在极力维护封建主义清朝的统治，使人民处于陪隶的地位。对他来说，既然处于资产阶级世界最先进地位的欧美列强，以及追随欧美列强的日本已经成为帝国主义并对中国进行侵略，那么，他们毫无疑问就是革命的对象，就是中国为夺回自己历史而必须打倒的对象。章太炎主张的革命原理，即光复民族主体性的历史，在某种意义上是一把双刃剑。章太炎的革命理论在思想上远高于在辛亥革命中很大程度上对帝国主义抱有幻想的孙中山。

探求作为民族主体性的历史，这是章太炎的国学，是其革命的理论。他在因笔祸而入狱期间曾说过下面的话：

> 上天以国粹付余，自炳麟之初生，迄于今兹，三十有

---

[1] 专门讨论此问题的有《历史研究》1962 年第 1 期刊载的蔡尚思《论章炳麟史学的阶级性》，但笔者难以赞同其结论。

六岁。凤鸟不至，河不出图，惟余亦不任宅其位，綮素王素臣之迹是践，岂直抱残守阙而已，又将官其财物，恢明而光大之！怀未得遂，累于仇国，惟金火相革欤？则犹有继述者。至于支那闳硕壮美之学，而遂斩其统绪，故国民纪，绝于余手，是则余之罪也！[1]

在这里我们看到，章太炎不仅仅是革命理论——体现民族主体性的历史——的探求者。历史通过章太炎发出呼声并显现出来，革命只有依靠国学才能获得理论依据，国学通过革命才能得以发展，章太炎正是站在革命与国学的结合点上。革命的国学家章太炎丝毫未自相矛盾。他已经看破了从变法派转变为保皇派的康有为、梁启超的历史观，他们站在直线发展的历史进化立场上，以西欧为蓝本描绘中国未来的资本主义世界，从而使他们的追求正当化，但实际上是为了利禄。章太炎正是站立于革命与国学结合的理论高地，看破了这一点。

然而正如马克思所指出："光是思想竭力体现为现实是不够的，现实本身应当力求趋向思想。"[2]章太炎写作了名为《訄书》的著作，"訄"字是逼迫的意思，这本书就是他向现实放出的批判之箭。可是，放出的批判之箭在现实中反而刺伤了革命家自己，因为《訄书》也是"逼迫的书"。革命的现实使革命家章太炎与国学家章太炎产生了分裂，他发现了国学家自身存在的矛盾。

---

[1] 章太炎《癸卯狱中自记》，《章太炎全集》（四），上海人民出版社 1985年版。

[2] 《黑格尔法哲学批判导言》，《马克思恩格斯选集》第一卷，人民出版社1972 年版。

> 吾辈文人，手无缚鸡之力。要实行革命，甚难。文学的毒人，与鸦片无异。治朴学的如吸大土烟；治诗古文辞的如吸小土烟。瘾有重轻，为毒则一。[1]

章太炎所直面的这一矛盾，后来在鲁迅思想中以文学与革命的矛盾出现。鲁迅以这个矛盾为动力，在自己的思想里发现了无产阶级。而章太炎发现的是唯识论，并将民族主体性的历史在唯识论中相对化。

在考察发现唯识论的章太炎之前，先考察他在此之前的足迹。

三、头发的故事

章炳麟，字枚叔，浙江余杭人，因崇敬顾炎武改名为绛（顾炎武初名绛）。号太炎的炎也取自顾炎武的炎字。他于1900 年剪掉辫发，并写了《解辫发》一文，这是章太炎从事革命的起点。在此之前他参加变法运动，不过，他的学问未必跟政治活动亦即跟他所谓的革命理论有关联。主张民族主体性的理论与清朝统治下的政治改革发生抵触，因此，剪掉象征清朝统治的辫发是一种革命的行动。他使当时因改革而陷于沉闷的学术焕发了生机，革命的国学家章太炎也诞生于此。

成为革命家的章太炎思想形成受到过多种背景的影响。

据说，章太炎自幼怀有反抗清朝的思想。他 9 岁开始读王船山、顾炎武的书，13 岁时读了《东华录》，知道了戴名

---

[1] 沈延国《记章太炎先生》，上海，永祥印书馆 1946 年版。

世、吕留良、曾静等人文字狱的故事，加深了他的复仇念头。成年之后专注于经学，尤其是小学、礼学、《春秋左传》学等。1890 年 23 岁时，父亲章濬去世。此后章太炎在诂经精舍师从俞樾，其间撰写了纯正的考据学论文，著《春秋左传读》，对康有为的公羊学发起问难。1890 年至 1896 年间，他的反清情绪尚比较淡薄，只是一心一意钻研考据学。1896 年，他迈出新的一步，开启了政治生涯。

众所周知，1873 年发生了世界性经济危机，资本主义国家进入大萧条。其间，英国经济崩溃，紧接着美国、德国、日本、沙俄等后发资本主义国家开始崛起。与此同时，资本主义开始走向帝国主义。在此次世界经济大萧条期间，除了中法战争之外，列强对中国的侵略步伐相对放缓，洋务派和清朝统治者与列强共同镇压中国人民反抗（太平天国革命等）的统治模式看上去相安无事。但是，中日甲午战争爆发以及清朝惨败之后，中国出现了新的情况。洋务运动破产，变法运动抬头，帝国主义也加紧了对中国的瓜分。这一现状深深触动了在地方钻研考据学的青年章太炎。二十九岁时，他加入了提倡变法运动的强学会。他认为"会的宗旨是富国强兵，缴纳了 16 元会费，提交了入会申请。"[1]他在与变法理论的对阵中，开始了为传播变法的宗旨而四处奔走的生活。他称变法的宗旨为"革政"[2]。如一位学者所说，"章氏虽赞同康有为等改良派进行变法，而对其变法理论却有保留"[3]。的确，变法派的理论公羊学与章太炎的学术理论针锋相对。变法派以公羊学为理论依据，尊崇

---

〔1〕　冯自由《中华民国开国前革命史》，上海，中国文化服务社 1946 年版。

〔2〕　《清议报》第 19 号《论学会有大益于黄人亟宜保护》。

〔3〕　汤志钧《辛亥革命前章炳麟学术思想评价》，《文史哲》1964 年第 2 期。

孟子，否定刘歆，抬高黄宗羲。章太炎立足于《左传》学，尊荀子，崇刘歆。康有为的弟子们摆出《明夷待访录》，章太炎就拿出王船山的《黄书》与之相抗衡。不过，这一思想角力并不仅限于康门的公羊学和章太炎的《左传》学这一格局。章太炎在给谭献的信中说："康党诸大贤，以长素为教皇，又目为南海圣人，谓不及十年，当有符命。其人目光炯炯，如岩下电。此病狂语，不值一哂。"[1]他还写了针对康有为变法理论支柱之一的《新学伪经考》的"驳议数十条"。他与变法派的历史认识存在巨大鸿沟。数年后，章太炎在《民报》中揭露康有为一派行为方式的本质。

> 论事当以是非为准，不以新旧为准。[2]

他主张，应以分清是非判断历史正当性，而所谓的新旧观是社会达尔文主义武断的线性历史进化论的核心观念，强即文明，弱即野蛮。两者的分歧在于以是非为准，还是以新旧为准。他们最初追求资产阶级的秩序，对此，章太炎是赞同的。然而实际上，双方各自走向相反的方向。章太炎认为，建立资产阶级社会应当考虑中国的历史现实，而康有为则认为，应当将"新"即"强"的西欧文明嫁接于中国。

支持变法运动并参与其中的章太炎后来回顾道："与康梁诸子委蛇，亦尝言及变法。"[3]戊戌政变后，他作为变法派的一员流亡台湾，后来又去了日本，他继续与变法派交往，直至

---

[1] 章太炎《致谭献书》，汤志钧编《章太炎政论选集》，中华书局 1977 年版。

[2] 章太炎《箴新党论》，《民报》1906 年第 10 号。

[3] 章太炎《狱中答新闻报》（《皇帝魂》所收），《苏报》1903 年 7 月 6 日。

发表《解辫发》为止。在这期间，随着思想的深化，章太炎最终与变法派发生抵触。他建构起作为革命理论的历史，亦即作为民族主体性的历史。章太炎这期间的思想，反映在包括阐述"哀"的《播种》篇在内的《訄书》中。[1]

义和团运动和唐才常的自立军起义最终成为章太炎抛弃变法派思想外衣的契机。这两个事件使他看清了清朝的本质和变法派的真面目。帝国主义通过控制清朝，将中国置于其统治之下。这种情况下，试图使清朝强大以抵抗外压的变法是行不通的。因此，他必须从思想上乃至身体上彻底清除清朝的东西。清朝最根本的标志就是辫发，因此他要剪掉辫发。剪掉了辫发的章太炎成为了革命家，他举起"排满"旗帜，抨击变法派，这也是标志着"与康、梁诸子委蛇"的过去决裂。

从那以后，章太炎的文字推动了历史。然而他必须要做一件事，就是已经 34 岁的他如何面对倾尽全力钻研至今的考据学。他认为，考据学应当成为明确民族主体性的国粹之学——国学，因此从单纯的考据之学解放出来，就是对考据学的扬弃。他不得不与俞樾分道扬镳。学问不应当仅仅停留在学问层次上，还必须阐明革命的理论——民族主体性，并进入所有领域。他在苏州与俞樾会面，俞樾严厉斥责他，章太炎答道：

> 弟子以治经侍先生。今之经学，渊源在顾宁人，顾公为此，正欲使人推寻国性，识汉虏之别耳，岂以刘歆、崔

---

[1] 《訄书》有初刻本和重订本两种。即"革政"时出版的《訄书》和"解发"后出版的《訄书》。前者称《訄书（初刻本）》，后者称《訄书（重订本）》。高田淳在《章炳麟·章士钊·鲁迅》一书"戊戌、庚子前后的章炳麟思想"一章中有详细介绍。

浩期后生也！[1]

在"谢本师"俞樾之后，他开始进行自我批判。他修订了在"与康梁诸子委蛇"期间发表的旧作《訄书》，将《客帝匡谬》置于卷首，并否定了《訄书》初刻本中认为满洲皇帝虽然是客、但也是中国统一的象征的客帝论立场，主张"排满"，以此激发人们的爱国心，否则，就等于承认了做帝国主义的二重奴隶——陪隶的地位。

《訄书》重订本在学术上确认了革命，实现了革命与学术的有机统一。章太炎立即对由变法派转变为保皇派的康党，以及成为名副其实的帝国主义列强傀儡的清朝开火。

1901年，他撰写了《正仇满论》，批驳梁启超的《中国积弱溯源论》。已经开始批判保皇党的章太炎借在苏州就职于东吴大学之机，与蔡元培、吴稚晖一起参与制定中国教育会计划，他们成为志同道合的民族主义者。于是，东吴大学成了革命据点。1902年的春天，他们在东吴大学的活动被当局监视，章太炎只好再次流亡日本——鲁迅留学日本在这一年的4月。章太炎在东京与秦力山等人组织了支那亡国二百四十二年纪念会。尽管纪念会流产了，但支那亡国会的影响非常大，留日学生的革命运动由此迅速发展壮大。

1903年，革命党迅速发展，在舆论上已经处于攻势。在日留学生以抗俄运动为契机，宣传革命的杂志如雨后春笋般出现。上海也积极呼应，革命的言论浪潮日益高涨，处于浪潮最顶峰的是邹容的《革命军》和章太炎的《驳康有为论革命书》。章

---

[1] 章太炎《民国章太炎先生炳麟自定年谱》，台湾商务印书馆1970年版。

太炎为邹容的《革命军》写序，再次确认革命就是光复；他又将康有为1902年写的《南海先生最近政见书》批得体无完肤。在这里，章太炎与康有为对历史认识的分歧可谓泾渭分明。章太炎敏锐指出了康有为思想中追求利禄的本质。不过，这一大好局面因为文章中的一句话而出现逆转，这句话就是"载湉小丑，不辨菽麦"。载湉是光绪帝的名字，这一句话是犯不敬罪的。章太炎因此被捕，被处以三年徒刑。邹容也被处以两年徒刑。由于事发在公共租界内，判决不是由清朝直接下达的，章太炎由此捡了一条命。

邹容死于狱中，而章太炎依然很活跃，他间接参加了光复会组织和国粹学报的创刊。在这充满波澜的囚禁期间，他最为倾注心血的就是唯识学。他开始研究《因明入正理论》《瑜伽师地论》《成唯识论》，尤其是《瑜伽师地论》。他在狱中研究唯识学取得的思想成果，对顶峰时期的《民报》产生了巨大影响。

在章太炎被囚禁期间，各地的革命运动，尤其是东京的运动迅速发展。1905年，革命党发展势头有所减缓，但取得了空前的团结。《民报》成功创刊，成为革命党人的机关报，革命又向前迈出了一步。章太炎刑满出狱后，担任《民报》主笔。就是这一时期，他为第三次去东京而出现在上海码头。

四、儒教无政府主义

"第一，是用宗教发起信心，增进国民的道德。第二，是用国粹激动种性，增进爱国的热肠"。

在中国同盟会于东京举办的欢迎会上，章太炎向与会者提出了自己的主张。这一天是 1906 年 7 月 15 日，会场在日本神田锦辉馆，听众达两千多人。他问道："我们中国的宗教，应该用那一件？"不是基督教，也不是孔教，而是佛教；不是佛教的净土宗，而是华严、法相宗（唯识）。他又问道：国粹——历史为何物？是语言文字、典章制度和人物事迹。[1]这是章太炎出狱后发出的第一声，在章太炎的思想上翻开新的一页，这一页就是唯识论。在这一页里，同时还添加了无政府主义与印度的连带关系。

同年 12 月 2 日，还是在神田馆，举行了《民报》创刊一周年庆祝活动[2]，将中国同盟会与《民报》推向顶峰。与会人员达五千多人。在黄兴的主持下，章太炎致辞，致辞结束时高喊"《民报》万岁""汉民族万岁""中华民国万岁"的口号。随后，孙中山站起来发表著名的《三民主义与中国前途》的演讲，精炼地概括了他在辛亥革命前的思想。紧接着章太炎再次登场，他主张不仅要进行民族革命，还要进行平民革命，会场发出了空前热烈的掌声。来自"革命评论社"的成员北一辉、宫崎滔天、平山周等人也发表了演说。

然而，虽然革命宣传声势浩大，但是同盟会很快就暴露出脆弱性。1907 年 1 月，梁启超提出停止论战的请求，章太炎和宋教仁表示赞同，但孙中山和黄兴坚决反对。3 月，孙中山和黄兴围绕国旗问题发生了争吵。同月，日本政府在清朝的压力下，给了孙中山 5 000 日元，请他离开日本。孙中山将其中的 2 000 日元留给民报社，自己去了越南河内。在章太炎看来，这

---

〔1〕 章太炎《演说录》，《民报》1906 年第 6 号。
〔2〕 叙述此大会的材料有很多。如宋教仁《我之历史》、景梅九《罪案》等。近藤邦康的《辛亥革命》里也有介绍。

等于是卖掉了《民报》，据说还在孙中山的相片上写了"卖掉民报的孙中山"字样。最后甚至有人提议，要改组同盟会。同盟会仅仅过了两三个月就面临危机。孙中山一派将活动中心移至香港的《中国日报》，于是，《民报》就成了章太炎与其同路人的言论阵地。这时一位年轻的学者刘师培的出现，给章太炎带来巨大的冲击，也给章太炎思想带来不小的变化。

刘师培，字申叔，江苏省扬州仪征人。扬州是清朝考据学的中心，是考据学人才辈出的地方，出现了王念孙、王引之、汪中、焦循、阮元等名家。1884年，刘师培出生在著名的刘文淇、刘毓崧、刘寿曾三代以《左传》学传家的学者家庭。1903年，在参加会试的归途中，刘师培路经上海，会见了章太炎和爱国学社的成员，表示赞成革命。是年他与何班（后来的何震）结婚，改名为光汉。他在上海著《攘书》，鼓吹"排满"革命。[1] 1905年，他与邓实创办《国粹学报》，以学术宣扬革命主张。章太炎在狱中也加入了该报。此时的刘师培仅22岁。他在《国粹学报》中发表文章，名声大扬，与枚叔即章太炎并称"二叔"。1907年2月，刘师培与何震东渡日本，正值中国同盟会遭遇一连串危机之时。

章太炎根据以前在《演说录》中的思想宣扬唯识和国粹。其中，发表于民报第8号的《革命之道德》大大激发了学会成员的斗志，甚至使顽固的老先生也在暗地里支持种族革命。[2]最具章太炎个人特色的《俱分进化论》《无神论》与《社会通诠商兑》等文章也发表于这一时期。但是，半年之后，他的思

[1] 《攘书》是模仿王船山《黄书》而命名。
[2] 景梅九《罪案》的日译本《留日回顾》。

想发生了一些变化，学术的重点转移到了印度和无政府主义。

1907 年 4 月 20 日，东京举行了印度西婆耆（Shivaji）王纪念会。西婆耆王是 17 世纪后半叶抵抗蒙古统治的印度民族英雄。会议主持者是印度革命家钵逻罕、保什等人，他们与章太炎有相互认同的情感。在这之后，《民报》的注意力急速转向印度。[1]

与此同时，章太炎和刘师培也迅速转向无政府主义。1907 年 6 月，刘师培与何震夫妇创办了鼓吹无政府主义的杂志《天义》，8 月，又与张继等人举办社会主义讲习会。聚集了亚洲的革命家、以中国和印度为核心的亚洲和亲会也成立于这一时期，该会成立宣言书即出自章太炎之手。[2]

这段时间的《民报》是以章太炎和刘师培为主线发行的。在这一过程中，章太炎将自己的思想——国粹和唯识的关系做了一个总结，他主张，民族主义诸范畴已经不属于革命了。

> 民族主义非遍为人群说法，顾专为汉人说法耳。[3]

他所说的民族主义是对清朝的复仇，是面对"强权"主张自己的生存权。

> 夫排满洲即排强种矣。[4]

---

[1] 章太炎热心关注印度与苏曼殊有很大关系。章太炎曾经想和他一起去印度。

[2] 参竹内善朔回忆录《本世纪初日中两国革命运动的交流》（《国外中国近代史研究》1981 年第 2 期）和王有为《试析章太炎〈亚洲和亲会约章〉》（《学术月刊》1979 年第 6 期）。

[3][4] 章太炎《定复仇之是非》，《民报》1907 年第 16 号。

最终，他冲破了狭隘民族主义的障碍，追求逐一实现"五无"。第一，无政府；第二，无聚落；第三，无人类；第四，无众生；第五，无世界。[1] 在此期间，章太炎将糅合了"排满"和唯识思想的论文发表在《民报》上，包括《中华民国解》《五无论》《定复仇之是非》《国家论》《大乘佛教缘起说》等。其中，《国家论》是章太炎思想在《民报》期间达到顶峰的文章。

《国家论》主要来自章太炎在社会主义讲习会上的讲演，他首先对国家提出了三个观点：

> 1. 国家之自性，是假有者，非实有者。
> 2. 国家之作用，是势不得已而设之者，非理所当然而设之者。
> 3. 国家之事业，是最鄙贱者，非最神圣者。

这是章太炎根据唯识的理论提出的观点，最重要的是第一项。章太炎主张，自性是不可分析的，如物质中的原子，以此为基础构成的东西是"假有"。以社会为例，个体是实有，其集合体就是假有。"如是聚落、军旅、牧群、国家，亦一切虚伪，惟人是真。"的确，既然个人都是由细胞组成的，那么人就是假有。"然今者以人对人，彼此皆在假有分位，则不得以假有者斥假有者。使吾身之细胞，悍然以人为假，则其说必非人所能破。若夫对于国家者，其自体非即国家，乃人之对于国家。人虽伪物，而以是单纯之个体，对于组合之团体，则为

---

[1] 章太炎《五无论》，《民报》1907 年第 16 号。

近真。"

章太炎把国家规定为"无",但是,"然期望有政府者,亦非因是而被障碍,此义云何?""既不认许国家自性为实有物,则凡言爱国者悉是迷妄。虽然,爱国之义,必不因是障碍。"为什么?"以身为度,推以及他,故所爱者,亦非微粒之实有,而在集合之假有。夫爱国者之爱此组合,亦由是也。"[1]

章太炎的"五无论",最终的目标是取消政府、聚落、众生,使世界归于无。可是,为何国家、爱国心是必要的呢?这是因为人们尚处于不能摆脱国家、爱国心的状态。但是,"人于国家,当其可废则废之"[2]。

章太炎在"无"的理论中将国家相对化,这是对《解辫发》以来的革命理论——民族主体性历史的相对化。

章太炎在唯识的世界里翱翔,以唯识学将民族主义相对化。这不是简单的幻想吗?非也。他批判近代产生的各种幻想,用唯识学批评基于所谓的公理、进化、唯物、自然的近代主义,称之为"四惑",号召人们站在被压迫的人民一边。他的唯识论是什么样的理论呢?孙中山提倡土地国有化是为了"预防资本主义",章太炎提倡唯识论,则是为了否定必然带来侵略的近代各种价值观。正如马克思和列宁所指出那样,土地国有化是资产阶级最彻底的口号。[3]同样,章太炎的唯识论中对"个体"的尊重可以成为资产阶级最彻底的价值观,但却无法超越资产阶级的价值观。正如列宁所指出,高呼"预防资本主义"的口号,却最大限度地实行资本主义的土地纲领,这当中存在

---

[1][2] 章太炎《国家论》,《民报》1907 年第 17 号。

[3] 马克思《剩余价值学说史》第二卷第二章第六节、列宁《无产阶级革命与叛徒考茨基》《中国的民主主义与托洛茨基主义》等。

中国社会的辩证法。[1]同样，依靠唯识这一思想径直地穿过近代的思想家，以其出人意料的理论试图超越近代，但结果却仍然被近代束缚住，这里存在着中国近代思想的辩证法。究其根源，这个辩证法就是处于帝国主义支配下的殖民地资产阶级革命的辩证法。

这正说明章太炎的思想有其局限性。章太炎在建立唯识论的时候，尚未能从历史出发来批判作为批判对象的近代，只是在唯识论里将其相对化，最终升华至无的世界。章太炎说过，主义只能从现实中产生，那时的章太炎本应当再进一步追问现实的历史性，而他却将历史必然产生的国家这一想象的物化形态消解在"假像"中。因此，章太炎无视历史的必然性，在他看来，历史不过是民族文化的积累。那么，他的思想必然是非历史的，他否定了一切历史的可认知性。他虽然口口声声谈历史，却完全不了解"历史"的历史性。

至此，章太炎的思想达到了顶峰，但他在这里停了下来。他遭遇了刘师培变节的沉重打击。

1907 年 9 月，章太炎从民报社移居刘师培、何震夫妇家中。他仍呼吁唯识论和印度的联合，但在此期间发生了一系列事件：与巴黎《新世纪》——与《天义》齐名的颇有影响力的无政府主义杂志——的吴稚晖论战；与《东亚日报》的武田范之论战；《东亚日报》批评章太炎的《大乘佛教缘起说》，说"《民报》宜作民声，而不宜作佛声"[2]；《天义》停刊。

---

〔1〕 列宁《中国的民主主义和民粹主义》，《列宁斯大林论中国》，解放社 1950年版。

〔2〕 章太炎与《东亚日报》成员的交流，见于宋教仁《我之历史》。泷泽诚的《权藤成卿》有介绍此事以及跟章太炎笔谈的内容。

1908 年，章太炎的脑病发作，又移居回民报社。他与刘师培之间产生私人芥蒂就在这个时候。与此同时，《民报》的主笔也由章太炎转到张继，后又转到陶成章手中，《民报》的宗旨也随之发生了变化。从《民报》第 20 号（4 月 25 日发行）起，办报方针已经改为"专以事实为根据，发扬民族主义，勿激化感情，不入空漠"。这时，与刘师培齐名、对无政府主义有巨大影响的张继也去了巴黎，处于孤立无援状态的刘师培回到上海，在那里等待他的是两江总督端方——刘师培被收买了。而且，他将"章炳麟与刘光汉及何震书五封"发给相关人士，声称章太炎也在其中起了作用。这样，章太炎与刘师培处于绝交的状态。更严重的是，《民报》也不得已停刊。公判时，已决定弃医从文的鲁迅于章太炎出狱前来到东京，为筹集 150 日元罚金四处奔走。[1]

从那以后，章太炎开办国学讲习会，在民报社讲《说文解字》，鲁迅就是这个时候成为章太炎的弟子的。同时，章太炎开始整理自己的学术著作，撰成《新方言》《文始》《国故论衡》《齐物论释》等。这样，章太炎远离了革命的旋涡。1911 年夏，武昌起义前夕，马叙伦在东京访问章太炎时，章太炎真切地说要回国。[2]

章太炎在留下一段与袁世凯交往的传闻之后，"用自己所手造的和别人所帮造的墙，和时代隔绝了"[3]。

---

〔1〕 周作人《鲁迅的故家》，上海出版公司 1952 年版。

〔2〕 马叙伦《章太炎先生自定年谱补遗》（《近代史资料》1958 年第 1 期）及《辛亥革命回忆录》第一集所收《我在辛亥革命这一年》。

〔3〕 鲁迅《关于太炎先生二三事》，收入《且介亭杂文末编》，鲁迅全集出版社 1941 年版。

这样，"哀"在其思想生命中画上了句号。而鲁迅则接续章太炎对历史发出的追问，怀着"寂寞"迈出了新的一步。

（原载于《思想》第 708 号，岩波书店，1983 年 6 月）

蚕丛考

一、序　言

有关蜀的历史自古以来就被迷雾笼罩着。

> 蚕丛及鱼凫，开国何茫然。

这是李白诗《蜀道难》中的一句。在李白的时代，面对"茫然"的历史，人们是否已经透过其神秘面纱，窥视到蜀国传说中的君主蚕丛与鱼凫的姿态了呢？李白提出，自从蚕丛与鱼凫以来，蜀的历史据说"尔来四万八千岁"。蜀的历史如何形成，这方面的文献资料极其匮乏，而且相当零碎，缺乏可信度。下面是其代表性的资料之一。

> 蜀之为国，肇于人皇……至黄帝，为其子昌意娶蜀山氏之女，生子高阳，是为帝喾。封其支庶于蜀，世为侯伯。历夏、商、周。武王伐纣，蜀与焉……周失纪纲，蜀先称王。有蜀侯蚕丛，其目纵，始称王。死，作石棺石椁，国人从之。故俗以石棺椁为纵目人冢也。次王曰柏灌。次王

曰鱼凫。鱼凫王田于湔山，忽得仙道，蜀人思之，为立祠。

后有王曰杜宇，教民务农，一号杜主。时朱提有梁氏女利，游江源，宇悦之，纳以为妃。移治郫邑，或治瞿上。七国称王，杜宇称帝，号曰望帝……会有水灾，其相开明，决玉垒山，以除水害。帝遂委以政事，法尧舜禅授之义，遂禅位于开明。帝升西山，隐焉。时适二月，子鹃鸟鸣。故蜀人悲子鹃鸟鸣也。巴亦化其教而力务农。迄今巴、蜀民农时先祀杜主君。开明位号曰丛帝。（《华阳国志·蜀志》）

王国维在《古史新证》的开头指出，中国的上古史中，"传说"与"史实"是混淆在一起的。《华阳国志》中的这一段就是把"传说"与"史实"混淆在一起的典型例子。自古以来，它和《山海经》一起被看作是不"雅驯"的荒诞无稽的传言。1985 年，在四川省三星堆出土了大量的文物，可惜并没有发现文字资料。不过，这说明在古代蜀国存在与殷相媲美的文明。我们把《华阳国志》的这段文字中的传说和史实进行慎重甄别，可以在古蜀的历史中找到真实文明的存在，特别是蚕丛、柏濩、鱼凫、杜宇、开明等诸王世系的存在有一定的依据。

二、杜宇、望帝考

居于《华阳国志》中心位置的望帝杜宇是什么人？他相当于在中原的禹或后土。《左传·昭公二十九年》有如下记载：

社稷五祀。土正曰后土。共工氏有子曰句龙，为后土。

后土为社。

另外，《国语·鲁语》载：

> 共工氏之伯九有也，其子曰后土，能平九土，故祀以
> 为社。

从上面两个记述中可以确定共工—句龙（生前称后土，死后称社）的世系。可是，《淮南子·氾论》的记载是：

> 禹劳天下，死而为社。

就是说，共工系的后土相当于鲧禹系的禹。许多学者根据这一记载，推定共工即鲧，后土即禹。此后土或禹在蜀的传说中是杜宇。丁山对此有如下的分析：

> 古无"社"字。"社"，在商代作"土"，在宗周时作"杜"，战国以后乃有"祏"字，至秦乃省而为"社"。
> "社主""杜主"与"柱"既是一名，"杜主"何为而又作"杜宇"呢？按《说文》宀部云："宇，屋边也。从宀，于声。寓，籀文宇，从禹。"禹、宇二字，音同字通，"杜宇"当然是"杜禹"的别名。（丁山《中国古代宗教与神话考·后土为社》，上海文艺出版社 1988 年版）

从上面的分析可以得出，中原系的后土或禹可以推断为蜀系的杜宇。那么，为何此杜宇有"望帝"的称号，而在中原传

说中没有呢？破解此谜团的钥匙藏在"纵目"一词中。据《华阳国志》记载，蜀自蚕丛以来世代保存着"纵目人冢"，杜宇理所当然被埋葬在纵目人的坟——石棺、石椁中，换言之，他是"纵目"族。在甲骨文中，"见"表记为"𭰁"，"望"表记为"𰀀"。"见"是"目"横写的见，"望"是"目"竖写的見。杜宇号称为望帝是很自然的。又有记载杜宇"或治瞿上"。根据于省吾《甲骨文字释林》的分析，《说文解字》中"𢀴，乖也，从二臣相违，读若诳"或，"𥅈，左右视也。从二目，读若拘"，此二字来自甲骨文字的"𰀁"字，表示正坐纵目的人。"𰀁"字在古典中通"瞿"。就是说，"望""瞿"二字与"纵目"的意义有切不断的联系。

三、鳖灵与开明

禹在金文资料中得到确认，秦公敦铭文中有"鼏宅禹賨"，齐侯镈钟铭文中有"㪤㪤成唐，处禹之堵"。结合文献资料比对，禹就是中国史上能确认的最早的王。因此，可以很肯定地说，中国历史是从禹开始的，而中国最早的王朝夏是由禹之子夏后启开启的。禹—启的谱系与蜀的杜宇—开（启）明的谱系相吻合。但是下面有关开明的传说是《华阳国志》里没有的：

> 荆人鳖令死，其尸随水上，荆人求之不得。鳖令至汶山下，复生，起见望帝。望帝者，杜宇也，从天下；女子朱利，自江源出，为宇妻；遂王于蜀，号曰望帝。望帝立以为相。时巫山峡而蜀水不流，帝使鳖令凿巫峡通水，蜀

得陆处。望帝自以德不若，遂以国禅，号曰开明。（《水经注·江水篇》所引来敏《本蜀论》）

鳖令就是中原传说中复活的鲧，《左氏·昭公七年》曰：

昔尧殛鲧于羽山，其神化为黄熊，以入于羽渊。

对此，朱熹在《楚辞集注》里写道：

《左传》言鲧化为黄熊，《国语》作黄能。按：熊，兽名；能，三足鳖也。说者曰，兽非入水之物，故是鳖也。

不用说，鳖令就是复活的鲧。在中原传说中的鲧—禹—启世系在蜀的传说中是以杜宇禅让开明（复活的鲧）的世系出现的。《楚辞·天问》中有如下记述：

阻穷西征，岩何越焉？化而为黄熊，巫何活焉？

唐兰[1]因此在《〈天问〉"阻穷西征"新解》中解释为："（鲧）化为黄熊而西征，被阻于穷山，卒越岩而南，求活于诸巫也。"这一段有关鳖令的传说，与位于蜀东方的荆人鳖令漂流至西方的蜀时复活的传说重合，的确意味深长。

---

[1] 译者注：唐兰（1901—1979），中国近现代文字学家、历史学家、金石学家。著有《古文字学导论》《中国文字学》等。

四、崇山、丛社、纵目

《说文解字》中解释道："鲧，鱼也。"鲧复活后变成三足鳖的能。在《山海经·中山经》中对三足鳖有如下记载：

> 从山，其上多松柏，其下多竹。从水出于其上，潜于其下，其中多三足鳖，枝尾，食之无蛊疫。
>
> 郭璞注曰：三足鳖名能，见《尔雅》。

所谓从山有很多三足鳖的传说中，从山之"从"是什么意思？《礼记·檀弓》"尔毋从从尔"，注曰"从从，谓大高"，即"高大"之意。《楚辞·大招》"豕首纵目，被发鬤只"，王逸注曰"言西方有神，其状猪头从目"。"纵"即"从"，"高大"之意；"纵目"就是突出的目。从三星堆的遗迹发掘出异状的青铜器——突出16厘米的目的假面具，还有形似猪的耳朵，这很像是《楚辞》中的"豕首纵目"。《国语·周语下》记鲧为"有崇伯鲧"。"崇"在古韵里与纵均属于东部，声纽（音节之前的辅音）也很相近。另外，在《庄子·齐物论》中有"尧……欲伐宗脍胥敖"的记载，但在《人间世》的记载则为"尧攻丛枝胥敖"。"崇"与"宗"原为同字，因此，《山海经》的"从"、《楚辞》中的"纵"、《国语》中的"崇"、《庄子》中的"宗"或"丛"都是相同的字，意为"高大"。蚕丛是蜀地的开辟者，这在语言学上有充足的根据。《山海经·海内北经》中的"袜，其为物人身、黑首、从目"，《楚辞·招魂》中的"犲狼从目"，《汉书·天文志》中的"从目人当来"，以至清代陆次云的《峒溪纤志》中的"竖目佝偻，蛮人之尤怪者，两目直生"，也是将蚕丛当作神的"纵目"族的异闻。另外，在《风俗通义》中的"巴有賨人"、《后汉书·南蛮传》中的"賨布"，这些有名的"賨"都可以视为巴蜀的"纵目"族。

五、鱼凫、柏灌

在中原的传说中，鲧—禹—启的世系是确定的，在蜀传说的世系中则为鱼凫—杜宇—开明。这里人们会问，为什么鲧不是鱼凫呢？如前所述，《说文解字》"鲧，鱼也"。在《山海经·大荒西经》中有如下一段记述：

> 有鱼偏枯，名曰鱼妇。颛顼死即复苏，风道北来，天乃大水泉，蛇乃化为鱼，是为鱼妇。颛顼死即复苏。

鱼妇就是鱼凫。如果我们将《大戴礼记·帝系》中所谓"颛顼产鲧"联系起来看，鱼妇或鱼凫就是鲧。《山海经》中的"死即复苏"是以鱼为中介的复活神话，与人不同。此也见于《淮南子·墬形训》：

> 后稷垄在建木西，其人死复苏，其半，鱼在其间。

若以鱼为中介的复活神话能成立，那么，这个作为鱼的鲧复活变为三足鳖的中原传说可适用于蜀的神话。可以推测，鱼凫就是鳖令即三足鳖的复活，就是开明。在《水经注·江水注》中有"江水又东，迳鱼复县故城南，故鱼国也"的记述。

此鱼复当然就是鱼凫或鱼妇。此鱼为栖息于"柏枝山"麓之穴的"嘉鱼","常以春末游渚,冬初入穴"。

《山海经》中的"颛顼死即复苏"的神话,与颛顼、祝融系列有密切联系。我们可以根据《大戴礼记·帝系》的记载还原"死即复苏"的颛顼世系。

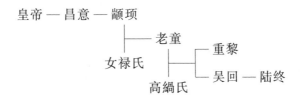

丁山对此谱系有如下分析。

"耆""黎"古字通用,所谓重黎者即是"耆童"语讹,所谓"老童"者即是"颛顼死即复苏"神话的演变。则《帝系》所谓"颛顼产鲧",鲧有可比拟《大荒西经》的"鱼妇"。《华阳国志》的"鱼凫"、《水经注》的"鱼腹",也都与"颛顼死即复苏"的神话有关。(《中国古代宗教与神话考·颛顼与祝融》)

这是非常精辟的分析。如果丁山有关鱼凫即鲧的说法没有错误,蜀系的鱼凫—杜宇—开明就相当于中原传说中的鲧—禹—启。而且,在语言学上和神话学上都有充分的根据。

那么,在《华阳国志》中蜀的世系里,位于鱼凫之上的柏灌相当于中原传说中的什么人物呢?《尚书·尧典》曰:

流共工于幽州,放驩兜于崇山,窜三苗于三危,殛鲧于羽山，四罪而天下咸服。

又《山海经》：

> 西北海外，黑水之北，有人有翼，名曰苗民。颛顼生
> 骦头，骦头生苗民，苗民厘姓，食肉。有山名曰章山。
> （《大荒北经》）
>
> 有人焉，鸟喙，有翼，方捕鱼于海。大荒之中，有
> 人名曰骦头。鲧妻士敬，士敬子曰炎融，生骦头。（《大
> 荒南经》）

将这些记载综合起来分析，可以发现崇山、章山（后述）、
鲧、苗民等关键字是相符的。另外，从音韵与文字的方面看，
柏灌是否就是骦兜？但是，根据《山海经·大荒南经》的记
载，骦头相当于鲧之孙的世代，这与《华阳国志》中记载的世
系有冲突。因此关于柏灌的探索尚停留在推断阶段，不再赘言。

六、蚕丛和烛龙

蚕丛是神还是人？将它与中原的神话传说进行比较，把蚕
丛解释为神是比较合理的。那么，蚕丛是什么样的神？笔者认
为，它是《墨子·明鬼》中的莤位、《墨子·耕柱》《吕氏春
秋》中的"丛社"中祭拜的神，就是在蜀的丛社里祭拜的神。

蚕丛之"丛"可以解释为丛社之丛，那么，蚕丛之"蚕"
是什么意思？蜀作为养蚕和绢的产地而出名。蚕丛的字义是否
与养蚕有关？另外，蜀的字义也与蚕有关。《说文解字·虫

部》："蜀，葵中蚕也。从虫。上目象蜀头形，中象其身娟娟。《诗》曰：'娟娟者蜀'。"根据《说文解字》的解释，蚕就是蜀。但据《淮南子》"蚕与蜀似而爱憎异"的说法，蚕与蜀是不同的。任乃强就此考察了蚕丛的本义，他的分析如下：

> 窃疑蚕丛之义，谓聚蚕于一箔（蚕蔟、蚕棚之意）饲养之，共簇作茧……今蜀人犹称作茧之草树为簇（cù）。语音作丛（còng）之入声，疑即蚕丛语变也。（《华阳国志校补图注》附一《蚕丛考》）

根据任乃强的分析，蜀的本义是野生的蚕。蜀人出身的扬雄在其著作《方言》里做了"一，蜀也。南楚谓之独"的解释。依据是野生蚕性不群聚，故蜀字的引申义为独。他还断定蚕字是蜀的复数形式。任乃强的这个观点与笔者的观点完全相反。我们应从理论的整合性角度慎重对待任乃强的观点。他的观点是以《说文解字》虫部中有"葵中蚕也，从虫"的解释为前提的。假如《说文解字》的解释不是蜀字本义，而是派生义，那么，任乃强的这个解释是有问题的。在甲骨文中，与蜀字相当的是罒字。此罒字的本义是什么？除了《说文解字》的解释以外，没有其他的解释吗？李远国对此罒的字义的解释是，位于罒字上面的罒是竖目。在《荀子·赋篇》的"以能合纵"的注中有"纵，竖也"的解释，竖目就是纵目。李远国认为罒的本义是纵目的蛇（见李远国《试论〈山海经〉中的鬼族——兼及蜀族的起源》，收入《山海经新探》）。有关甲骨文的罒字的字义的这种解释并非孤立。这个罒即纵目之蛇或纵目之龙也出现在其他文献中，《山海经》中就有直目的烛龙：

> 西北海之外，赤水之北，有章尾山。有神，人面蛇
> 身而赤，身长千里，直目正乘，其瞑乃晦，其视乃明，
> 不食不寝，风雨是谒。是烛九阴，是谓烛龙。（《山海
> 经·大荒北经》）

住在章尾山的神（烛龙）就是"直目正乘"。但在郭璞的注解里，"直目，从目"，就是纵目。不过，对于"正乘"，则说"未闻"，说明其意思是不明的。郝懿行在《山海经笺疏》中引用了毕沅有关"正乘"的说法，认为是"朕"的借音，并推测是"朕"的意思。但是，朕的意思是目之精，结果仍然不明确。笔者认为，"乘"是"乖"的讹字。乖字来自甲骨文中意为正坐的纵目之人的"𦥑"字。前面已经看到，"𦥑"在《说文解字》解释为"乖乖也，从二臣相违，读若诳"。如果这个假说没有错，"直目正乘"的意思就是两只纵目飞出来，与出土文物相吻合。这个烛龙就是蜀之神，烛龙的本义是纵目之龙。王逸（生卒年不详，东汉著名文学家）的《楚辞章句》对《楚辞·天问》的"日安不到，烛龙何照"注释说，在世界的西北有一个没有阳光的黑暗之国，衔着烛的龙照亮了那个国家（言天之西北有幽冥无日之国，有龙衔烛而照之也）。这是蜀字丧失了纵目之龙的本义，使人误解为灯火之"烛"字的原因。烛龙也被称为烛九阴，再次出现于《山海经·海外北经》中：

> 钟山之神，名曰烛阴。视为昼，瞑为夜，吹为冬，呼
> 为夏，不饮，不食，不息，息为风，身长千里，在无䏿之
> 东。其为物，人面，蛇身，赤色。居钟山下。（郝懿行

《山海经笺疏》以为章、钟声转，钟山即章尾山。）

烛阴以烛龙的形状出现在《山海经》的罚是赤色的龙。因此，在蜀那里，就是"人尚赤"（《华阳国志·蜀志》）。丁山对此的解释是烛阴是殷的旧名，烛龙是周、楚的方言（《中国古代宗教与神话考·颛顼与祝融》）。无论是烛阴还是烛龙都与甲骨文的罚字密切相关。在殷代以烛阴出现，在周、楚时代，以烛龙出现。如姜亮夫推断烛龙是祝融那样（《楚辞通故》），文献中有中原传说中的颛顼、祝融的神话。颛顼是明堂月令所谓的"玄堂大庙"之"帝"，从其具神格情况来看，是冬至的太阳神，这一点毋庸置疑（参考陆思贤《神话考古》引言）。"颛顼死即复苏"的复活神话就是来自颛顼的这个神格。从《山海经》的记述看，将烛阴、烛龙视为冬至太阳神是正确的。蜀的神话里有关复活的神话很丰富也是自然的。

那么，蚕丛是什么？笔者推测它是在丛社中被祭拜的罚。就是说，如果是以隶书书写的话，就是"蜀丛"，是在丛社中被祭拜的纵目太阳神，而且是掌管生命再生——复活的冬至太阳神。蜀以蜀锦知名天下。但是，蜀锦是以野蚕（蜀）为原料产生的。表示纵目的龙的罚甲骨文字是借字或因其他原因，变成表示蚕的意思。其后，随着养蚕的普及，"蚕"（家蚕）与"蜀"（野蚕）的区别明确起来。蚕丛的神格从太阳神的神格中获得了表示蜀的神格。这样，"蜀丛"——从代表冬至祭祀于丛社中的太阳神的神格，演变为养蚕的神格。这是本文的推测。文章的最后以图表表示蚕丛的神格变化，以此结束本文。

```
       ┌──→ 烛阴(殷系谱的传说)
       ├──→ 烛龙(主要是楚系谱的传说)
  罚 ──┤
       ├──→ 祝融(中原系谱的传说,与东方系谱的冬至太阳神颛顼相融合)
       └──→ 蜀丛(蜀系谱的传说,在丛社被祭拜的罚 —— 推测)—— 讹变为蚕丛
```

　　中原系谱中的祝融与蜀系谱中的蚕丛相并行,两者都有罚古老的神话亦即纵目的冬至太阳神。这一系谱来自羌族。其中有两种情况:一是中原系谱中的羌族系谱(祝融系谱)和蜀系谱(蚕丛系谱)从原羌族系谱中分化出来的;二是中原系谱中的祝融系谱发生分化而形成蜀系谱的蚕丛系谱。这两种情况都可以成立。至于哪一种推测是正确的,只能有待于今后的出土文物了。

图为 1986 年中国四川省广汉市三星堆遗迹出土的巨型青铜面具

（原载《中国古代史研究》第七，研文出版，1997 年 3 月 15 日）

原岛春雄生平简谱

1946 年　出生于福冈市

1965 年　私立武藏高中毕业

1971 年　京都大学文学部东洋史专业毕业

1975 年　东北大学大学院文学研究科中国学科修了

1977 年 6 月—1981 年 8 月

　　　　广东省广州外国语学院　外国专家（日语）

1980 年 9 月—1982 年 8 月（1980 年 9 月—1981 年 8 月兼任广

　　　　州外国语学院　外国专家）

　　　　中山大学外国语学院　外国专家

1988 年　学习院大学　助教授

1993 年　学习院大学　教授

1997 年　于东京去世

编辑后记

1969 年 4 月 1 日，"东洋史斗争委员会"打来电话，说明天有新生教育课，请各位同学到东洋史研究室。

同年 1 月 16 日，发端于学生部罢课的京都大学学生运动爆发了。从被封锁的学生部里传来了女声的国际歌，我发现旁边有一位老师在入神地听着，他是中文副教授高桥和巳。在教养部被封锁之后，文学部也于 3 月 14 日开始罢课。（我们直到 3 月还是教养部的学生。）

翌日，我们穿过文学部新馆迷宫般的路障进入内院，很快在二楼的窗台边发现了一位男生。他对我们说："走廊被封锁了，请爬这个梯子上来。"我们从二楼的窗户爬了进去，和这位男生打了个初次见面的招呼。在去研究室的路上，这位男生问我："你也是被东洋史的高尚理论吸引来的吗？"我当时打算学习东洋史学科的西南亚史专业，于是回答说："不是，我想去阿富汗。"当时，京都大学正在派遣前往阿富汗的探险队。我的回答似乎让他出乎意料，他面露疑色。这就是我与比我高一年级的学长原岛君的初次见面。

从第二天起，我们经历了发生在学校的许许多多的事情。例如，学生与东洋史的教授、副教授们的集体交涉，阻止文学部研究生入学考试的斗争，学生自主讲座、示威游行、集会、集训，无休止的争论（我们听法语专业的学生谈论巴黎的五月革命，听原岛君讲"文革"），无数遍高喊"拉丁区"[1]口号，钟楼的攻防，等等。1969年9月，罢课解除，一切逐渐恢复正常。不过，这期间如果发生了什么事，仍会出现示威游行和骚乱。

东洋史斗争委员会由研究生和本科生组成，其中作为主力军的是大四学生，确如后来竺沙雅章先生所形容的"是十年难遇的一届"那样，全是学霸。而原岛君在这里非常引人注目。他们所追求的是纯粹的学问和知识，因此，捣毁自己鸟巢的行为是一件很痛苦的事。

学长们于1971年毕业，我们于1972年毕业，留在京都的、离开京都的，总之，我们各奔东西。

数年后，听东洋史的学长们说原岛君去了"文革"结束后的中国。原来是这样啊……二十年后，又听闻他已经去世。这是真的吗……

又过了二十年，在一次集会中人们说起了原岛君。二十年，不，四十载的岁月已然飞逝而去。那么优秀的学长在这期间做了什么或想要做什么呢？在好奇心的驱使下，我开始利用二十年以前没有的网络进行搜索，发现了他在《学习院大学文学部研究年报》上发表的论文。我联系了另外一位非常敬重原岛君

---

[1] 译者注：拉丁区，巴黎地名，位于塞纳河左岸，横跨五区和六区，是大学等各种学校集中的地方，1968年5月，这里成了法国学生大规模抗议活动的舞台。在日本东京，也发生"神田拉丁斗争"。1968年6月21日，日本社会主义学生同盟在东京神田骏河台的学生街发起抗议活动，此学潮后来扩到日本各地。

的同期同学，和他一起合作，收集所有能找到的论文并一一拜读。才疏学浅的我们虽无法真正理解原岛君论文的精髓，但这并不影响我们对他的崇敬。他以自己独特的视角，写下了优秀的论文。读其文章，就如同听他在向我们娓娓道来。于是我们有了将这些论文编辑成书的想法。

我们终于联系上了原岛夫人，听夫人讲先生临终前的情况，得知他在病榻上仍心心念念出版论文集一事……于是就有了这本遗稿文集。据闻，原岛君对夫人说："希望大家继续把我当作行踪不明的存在……"我们二人就是这么想的。

原岛君住在京都北白川的公寓里。那是个静谧住宅区中的老旧出租公寓，位于高桥和巳的《忧郁的党派》中也出现过的小学后面。他的房间在二楼，隔壁还住着德语研究生等其他租户。我时不时会去他那里坐坐。虽不曾见到他像学长们传说中那样"吃香蕉还要用刀叉"，但他给我削苹果的动作倒是很麻利，听他说是因为喜欢吃苹果而练就出来的，他还请我喝了白葡萄酒。

他的书架上整齐摆放着带茶色封皮的《船山全集》（即便是洋装本，1969 年的洋装本又是什么样的呢），而九鬼周造[1]、波多野精一[2]等日本学者的书籍他也十分爱护，甚至连书壳都用薄纸精心包裹好。书架上还有相良亨的《近世儒教思

---

〔1〕 译者注：九鬼周造（1888—1941），京都大学教授，日本著名的哲学研究者。受教于柏格森、海德格尔等哲学家。著有《"粹"的构造》等。
〔2〕 译者注：波多野精一（1877—1950），日本宗教哲学家。著有《西洋哲学史要》《基督教的起源》《宗教哲学导言》等。

想》。他曾对我说，也许对你来说，马克思是至高无上的唯一，但于我而言，马克思只是众中之一。他向我推荐斯图尔特·休斯[1]写的思想史，还兴趣盎然地谈了许多诸如历史中最根本的时间概念、基督教的凯洛斯（Kairos）和库洛诺斯（Chronos）、蒂里希系统神学等话题。他还笑着跟我说，教养部的上横手雅敬先生说他对日本史尤其是日本的中世史很熟悉。此外，他有段时间对伊藤野枝[2]的著作非常入迷。我们还聊了平凡社东洋文库出版的朝鲜历史相关书籍的话题。还说他父亲的名字中有个"鲜"字，问我知不知道这个汉字怎么读，他说读作"しずか"。他还告诉我他家里人都是做学问的，所以他来到京都就是立志要当学者的，别的选择一概不考虑。他说他并不羡慕二十几岁就写书的人，打算过了四十岁之后再好好写点东西等等。

他给我看了数量庞大的中文书籍和古汉语书，这些书里满是红笔做的标记，人名等固有名词旁边还画了纵线，看来他还保持着传统的读书习惯。

有一次他顺路来到我住的地方，看到我放在西嶋定生著作旁边的《史记》，便顺手拿起，很流利地用训读法给我讲解，看起来《史记》之类的书他都能背下来。他说，对中华书局出版的标点本不必全盘接受（指顾颉刚做的训点）。还说，汉代社会也许还保留着统一前的城市国家的要素。除了王应麟和侯外庐的书，还聊了我和学长们一起参加读书会时使用的教科书

---

[1] 译者注：斯图尔特·休斯，1916年生于纽约，在哈佛大学获得学士学位之后留学欧洲。历任哈佛大学历史学副教授、斯坦福大学历史学教授、哈佛大学历史学教授、加利福尼亚大学历史学教授。著有《意识与社会》等。

[2] 译者注：伊藤野枝（1895—1923），日本无政府主义者，日本女权主义杂志《青踏》总编辑，作家。著有《飞行》等。

《明夷待访录》等书籍。他拿起《明夷待访录》与《国朝汉学师承记》合订的中国台湾刊本（当时中国处于"文革"期间，中国大陆的书几乎买不到）说，《明夷待访录》他也有，但是因为很想看这个刊本就买了下来。在谈到山田庆儿翻译章炳麟在《民报》发表的论文时，他告诉我中国革命起源于明末清初。他在谈论京都大学人文科学研究所的岛田虔次先生[1]时说，他曾请教岛田虔次先生有关当时流行的法国哲学家梅洛·庞蒂的问题，由此对岛田先生渊博的学识赞叹不已。他强调中国文明之根本在于"礼"。谈到京都大学人文科学研究所的各位先生都很佩服陈舜臣[2]的《鸦片战争》（书的开头有龚自珍的诗）时，他感叹任何历史论文都比不上这本书写得好。这些事情我至今历历在目。

我从别人那里听说他曾在仙台的金谷治[3]先生指导下研究章太炎。而后他从广州短暂回国时，我也曾在甲子园山村洋介的家里与他见过面。他告诉我他正在负责校对上海师范大学《世界近代史》的翻译稿（1979 年日本东方书店出版，上下卷）。此外，我还听他讲述了他在中国生活的点点滴滴，听他对中国经济发展的预测。他说中国虽然每天都还在为吃而发愁，却已经开始了大规模的设备投资，很快中国的工业生产力就会成倍地提高等等。有一天，他突然打电话叫我出去，说他已经来到大阪的淡路（东淀川区）了。一到他下榻的房间，就看到

[1] 译者注：岛田虔次（1917—2000），日本汉学家、京都大学名誉教授，著有《中国思想史研究》等。

[2] 译者注：陈舜臣（1924—2015），祖籍中国，生于日本神户。日本历史小说作家，被誉为"日本小说界无出其右者"。

[3] 译者注：金谷治（1920—2006），中国古代思想史学者，著有《孔子》《老子》《庄子》等。

狭窄的屋里围坐着很多中国留学生,而醉意朦胧的原岛先生开心地坐在其中。

虽然直接负责本书编辑的是我们二人,但原岛君的论文遗著能编辑成书,与原岛优子以及我们的学长、学友们的鼎力支持是分不开的。感谢学习院大学文学部、岩波书店、研文出版(山本书店出版部)、中国研究所、《现代理论》编辑委员会相关负责人爽快答应我们转载原岛君论文的请求,各位的深厚情谊我们将铭记在心。

原岛君给本书起了个让人联想到藤田省三〔1〕的书名。而且,这本他二十多年前对中国社会的精辟分析,现今读来也可算是对现代日本社会的犀利批判。我们在惊叹的同时,也深感时下日本对中国的言论之苛刻。尊重中国古典文化这一自遣唐使直至明治大正昭和时代的良好风气,如今已成风中之烛。如何认识中国,对日本这个国家和日本人来说都是至关重要的。我们必须牢牢立足于中国"国学"(对朝鲜的认识亦是如此),以此重筑认识现代中国的根基,恳切希望原岛君的遗著能对此有所帮助。

在此赘言几句。在本书首篇论文中,原岛君根据朝鲜方面的史料《沈馆录》,试图解密清朝创建时期祭祀的真相,这一研究手法承自内藤湖南〔2〕(但他并未提内藤湖南之名,而以同时期的中国学者孟森的著作为依据,由此可见原岛君的态

---

〔1〕 译者注:藤田省三(1927—2003),日本政治学者,丸山真男的弟子,法政大学名誉教授。著有《藤田省三著作集》共十卷,其中的第三卷为《现代史断章》。

〔2〕 译者注:内藤湖南(1866—1934),日本中国学京都学派创始人之一。著名弟子有稻叶君山、宫崎市定、矢野仁一等。著有《内藤湖南全集》。

度）；另外，李泽厚的论文集《寻求中国现代性之路》（东方出版社 2019 年版）一书中的《由巫到礼》，其近代性研究上溯至萨满教，并与之相比较，着眼于多民族、多元化的文明起源。这一做法若从上述事例来看，也就可以为人们所认同了。

最后，我们二人对有幸参与本书的编辑表示由衷的感谢。

2019 年 8 月 30 日

印藤　和宽

桥本　恭子

如果没有印藤和桥本二位的深情厚谊，本书也许无法出版吧。非常感谢二位的辛苦付出！如果本书能对年轻人的思考有所帮助将倍感荣幸。

对帮助过原岛春雄的诸位表示衷心的感谢。

2019 年 1 月吉日

原岛优子

译后记

　　《近代中国断章》中文版终于在原岛春雄先生逝世二十五年之际出版了。本书的问世凝聚了许多人的辛劳和付出。广东外语外贸大学魏育邻教授自始至终热心筹划斡旋出版事宜。魏育邻老师多年前在东京大学结识的朋友林少阳先生在百忙之中，向出版部门力推本书。林少阳系原东京大学教授，现任澳门大学教授，是章学研究专家。他虽然与原岛先生素未谋面，但他早就了解并敬佩原岛先生的学术精神和研究，在林少阳先生的推荐下，书中的一篇论文《章太炎的学术与革命》提前发表于2021年第4期的《杭州师范大学学报》上，为全书的出版作了铺垫，并且还主动为本译著写了长篇的导读。同时，原著作者夫人原岛优子先生慷慨捐资和捐送中文版著作权；原岛春雄先生京都大学时期的校友、著作日文版编者印藤和宽先生、桥本恭子女士为收集、整理、出版原岛春雄先生的遗稿付出了巨大的努力；《杭州师范大学学报》副主编朱晓江教授、编辑蒋金坤博士为原岛春雄先生论文的成功发表做出了卓有成效的工作；广外日语77、78级包括已经移居国外的同学、老师踊跃为本书出版捐赠经费赞助；中国研究所理事长川上哲正先生不辞劳苦为译著写了热情洋溢、感人至深的中文版序言；享誉中日史学界的京都大学名誉教授、日本孙文纪念馆名誉馆长狭间直树先生应邀为本书写了意味深长的推荐语；上海人民出版社编辑张钰翰博士也是研究章太炎的专家，他仔细勘校了本书大量的中文引文，付出了辛勤的汗水；海南师范大学外国语学院的李艳秋女士对部分译文的斟酌、润色给予许多宝贵的意见。我们借此机会向以上诸位老师、同学与朋友致以敬意。

本书译者和审校者与同期四十余名同学一道通过了"文革"后恢复的首届高考，于 1978 年春季进入广外日语专业学习。原岛春雄和原岛优子先生也于这一时期以外国专家身份来到日语专业任教，开始前后近四年的师生交往，给我们留下了美好的回忆。1970 年代末，刚刚结束了"文革"的中国处于冰雪消融、万物复苏、春潮涌动的时期，我们这一批经历过"文革"的年轻学子怀着对知识的渴求刻苦学习。原岛春雄和优子夫人则怀着对中国历史与文化的崇尚与向往的心情来到广外日语专业，以极大热情投入教学活动。原岛春雄夫妇除了教授日语语言知识与技能外，从大学二年级开始开设了多门有关日本历史与思想方面的课程供我们选修。原岛先生自费购买了日文原版书作为教材，以小班讨论课的形式指导我们阅读与思考，启发我们的思维，逐步引导我们走上研究道路。

原岛先生是个中国通，通晓中国的历史与社会，古汉语造诣极高，谙熟中国历史与思想方面的书籍与文献，涉猎广泛，是研究中国历史与思想的专家，在课堂上讲起这个时期的中国历史事件与人物时，娓娓道来，如数家珍。"文革"造成了我们这一代青年在祖国历史与文化方面的知识断层，原岛先生恰好给我们补上了这一课，也为我们开启了一扇认识广阔世界的窗口。原岛春雄先生对近现代中国的历史与社会进行深入思考，这些都充分反映在《近代中国断章》一书中。

原岛先生热爱中国，热衷于中日友好事业，将藏书都捐献给了江苏省镇江市图书馆。四十余年前受教于原岛春雄先生的学子们今天都已经年过花甲或年近古稀，但每念及在广外与先生相处的那一段时光，仍无限怀念与感慨。本书的翻译出版或许能略表曾受教于原岛春雄先生的众多学子们对先生的一点怀念与崇敬之情。

原书论文引用的汉语文献大多只有书名和作者，为方便读者查找，译者酌情补上了出版社、出版年份和页码。

张宪生　谢　跃

忆原岛春雄老师

原岛春雄老师，我们当面称呼他为"先生"，私下称呼"老原岛"。其实当时的原岛先生才三十出头仅比我们大十岁左右，称呼中带"老"字，一是表示我们亦师亦友的亲密关系；二是因为他为人稳重老成、温文尔雅，深受同学们的尊敬。一年级时，老原岛的夫人优子先生教我们语言课和日本文学，从1979年二年级开始，老原岛全面负责我们班级的主课日语精读课，从此我们与老原岛开始了一段终生难忘的师生情谊。

从老原岛给我们班带课起，我们的课本全部选用日本的名家名著。对我们而言，刚开始确实跨度很大，难以适应，但也因此大家的阅读能力提高很快，逐渐培养出了读原著的习惯。从二年级下半年开始，老原岛给我们开设一批选修课，有他自己擅长的东洋近代思想史，也有语言学、日本古典文学等课。老原岛平时不苟言笑，但课堂上侃侃而谈、字字珠玑。上老原岛的课，让我印象最深的是我们可以批判教科书的观点，也可以和老师有不同看法，考试时有的问题没有标准答案，这种开放式的批判性思维的训练让我们受益终生。

老原岛开的课都非常专业和前沿，能够经受时间的考验，不少选修课是当时国内独有的，上了他的时枝语法课后，我在当年的《日语学习与研究》发表了介绍文章。

老原岛家住广外的专家楼，距离我们学生宿舍不远。从他给我们班任课起，同学们时不时三五成群夜访老原岛家。每次到他家时，一人一杯加冰威士忌，开场话题通常都是来自他推荐的书中内容，最后天南海北，无所不谈。老原岛天资聪慧，思维敏捷，每次畅谈都能听到他的真知灼见。记得有一次，说到中国的发展前景，他说中国的经济规模将赶超日本，中国的汽车产业也会超过日本，那时我们都认为是天方夜谭，但是事实证明，老原岛的历史洞察力穿越了三十年。

老原岛书房的新书很多，多到堆在地上。他将数以万计的图书捐献给广外的日语教研图书室，让广外成为当时国内鲜有的日语原版书籍丰富的学校。得益于此，我们有幸读到很多日本经典著作，日语专业也由此学术氛围浓厚，不少同学毕业后都读研深造。

今年是我们毕业四十周年，老原岛离开我们也有二十五年了。毕业后到东京留学和出差的同学和他都有聚会，我最后一次见到老原岛是1987年在东京大学读研时到他府上拜访，他带我到附近酒吧喝到地铁末班车时间，分手时在车站口他晃晃悠悠挥手的形象还记忆犹新。我们毕业时，老原岛和大家相约在2000年元旦于北京天安门纪念碑相聚，遗憾的是他没有等到这一天。每次在老相册看到与他的合影，都会有一种莫名的激动。虽然老原岛著述不多，但他的治学精神感动了我们，我们都为有这样的老师感到荣幸和自豪。

黄　禧

图书在版编目（CIP）数据

近代中国断章/（日）原岛春雄著；谢跃译. 一上
海：上海人民出版社，2023
（论衡）
ISBN 978 - 7 - 208 - 17937 - 0

Ⅰ.①近… Ⅱ.①原… ②谢… Ⅲ.①中国历史-研
究 Ⅳ.①K207

中国版本图书馆 CIP 数据核字(2022)第 209636 号

责任编辑 张钰翰
封面设计 赤 徉

论衡

近代中国断章

[日]原岛春雄 著

谢 跃 译 张宪生 审校

出 版 上海人民出版社
 （201101 上海市闵行区号景路 159 弄 C 座）
发 行 上海人民出版社发行中心
印 刷 江阴市机关印刷服务有限公司
开 本 889×1194 1/32
印 张 8.25
插 页 6
字 数 182,000
版 次 2023 年 1 月第 1 版
印 次 2023 年 1 月第 1 次印刷
ISBN 978 - 7 - 208 - 17937 - 0/K · 3239
定 价 52.00 元